在研究中快乐实践

凌琳 ◎ 著

——探寻小学语文课堂教学真谛

吉林文史出版社

图书在版编目（CIP）数据

在研究中快乐实践：探寻小学语文课堂教学真谛 /
凌琳著. — 长春：吉林文史出版社，2020.4
　　ISBN 978-7-5472-6794-3

　　Ⅰ.①在… Ⅱ.①凌… Ⅲ.①小学语文课—课堂教学
—教学研究 Ⅳ.①G623.202

　　中国版本图书馆CIP数据核字（2020）第047006号

在研究中快乐实践：探寻小学语文课堂教学真谛
ZAI YANJIU ZHONG KUAILE SHIJIAN：TANXUN XIAOXUE YUWEN KETANG
JIAOXUE ZHENDI

著 作 者：凌　琳
责任编辑：程　明
封面设计：姜　龙
出版发行：吉林文史出版社有限责任公司
电　　话：0431-81629369
地　　址：长春市福祉大路5788号
邮　　编：130117
网　　址：www.jlws.com.cn
印　　刷：北京虎彩文化传播有限公司
开　　本：170mm×240mm　1/16
印　　张：14.25　　　　　字　数：257千字
印　　次：2022年6月第1版　2022年6月第1次印刷
书　　号：ISBN 978-7-5472-6794-3
定　　价：45.00元

前　言

从2002年至今，我参加新课程改革研究已经16个年头了。其间，我有过困惑，有过迷惘，但更多的是感悟。

新课程改革有三大基本理念，分别是关注学生发展、强调教师成长、重视以学定教。

关注学生发展，首先，体现在教学目标上，即要按照课程标准、教学内容的科学体系进行有序教学，完成知识、技能等基础性目标，同时还要注重学生发展性目标的形成。其次，体现在教学过程中，教师要认真研究课堂教学策略，激发学生学习热情，以学生为主体，鼓励学生探究，高效实现目标。在教学过程中，教师的角色定位也很关键，教师应是一个引导者、方法的建立者，而不是简单的知识传授者，要充分发挥学生的学习能动性。

强调教师成长，即体现在依据新课程评价目标的要求，使课堂教学评价沿着促进教师成长的方向发展。其重点不在于鉴定教师的课堂教学结果，而是诊断课堂教学中学生所提出的问题，制定教师的个人发展目标，满足教师的个人发展需求。

重视以学定教，即强调以学生在课堂教学中呈现的状态为依据来评价课堂教学质量。

针对新课程改革的三大基本理念，我从课堂教学案例研究入手，认真研读窦桂梅、王崧舟、薛法根等名师的教学课例以及获得全国阅读教学大赛奖项的课例，琢磨优秀教师的备课思路，体会学生观、文本观、课程观、评价观、语用观、阅读观等在课堂教学中的渗透，并自行设计教学课例，在反复磨课中体会教案至上会忽视学生、忽视语文学习的本质，如今已形成自己的教学风格。

作为一名小学语文教师，我在研究中快乐实践，一方面要探寻小学语文课堂教学真谛，诚如苏霍姆林斯基所说："在人的心灵深处，都有一种根深蒂固的需要，这就是希望自己是一个发现者、研究者、探索者。不要令掌握知识的过程让学生感到厌烦，不要把他引入一种疲劳和对一切都漠不关心的状态，而要使他的整个身心都充满欢乐。"另一方面要带着课改研究中的困惑和思考去对比、去感悟、去提升自我，实现个人的专业化发展。

本书内容分为理论篇、实践篇、研究篇，选取的是我在新课程改革期间的研究文章、实践课例和研学收获，期待读者的批评和指正。

凌 琳

2018年12月

目 录

上 篇

理 论 篇

中 篇

实 践 篇

下　篇

研　究　篇

上　篇

理论篇

让学生体验到一种自己在亲身参与掌握知识的情感，乃是唤醒青少年特有的对知识的兴趣的重要条件。

——苏联教育家苏霍姆林斯基《给教师的建议》

本篇收录的是作者在新课程实施以来，对文本观、学生观、语用观、阅读素养培养的解读和探索，从中可以看到作者的教学风格和创新之举。

开放课堂，大胆"对话"

《语文课程标准》在"前言"部分揭示了"现代社会要求公民具备良好的人文素养和科学素养，具备创新精神、合作意识和开放的视野，具备包括阅读理解与表达在内的多方面的基本能力以及运用现代技术搜集和处理信息的能力"，并明确指出"语文教育应该而且能够为造就现代社会所需要的一代新人发挥重要作用"。为此，《语文课程标准》对阅读教学的解释：阅读教学是教师、学生和文本三者之间的对话过程。于永正老师如是说："对话教育的实质昭示着平等和民主，即师生关系是平等的、课堂教学是民主的。"这就说明以往过分注重内容分析，过多进行机械、重复的单项训练的语文教学；老师主宰课堂，"牵着学生走"的语文教学；孤立、封闭、凝固、僵化的语文教学，都将逐渐淡出语文课程。它要求教师在教学中力求准确定位，由"教学课堂的主宰"转为"合作学习中的首席"，重视营造良好的学习氛围，用改进自己的"教"来促进学生学习方式的转变。如何才能完成好"对话"，我认为应该处理好以下三种对话。

一、处理好教师与文本之间的对话

近年来，语文课程发生了初步的、革命性的变化。这个变化是全方位的，涉及课程、教材、教法等语文课程的所有方面，而且也促使语文教育、教学面貌发生了很大变化。此时，作为教师，要讲好一篇课文，就不能像以往那样依赖教参和备课书，站在讲台上把备课书的内容一字不落地灌输给学生。因此，教师在课前必须对课文有充分的了解。我认为教师必须在备课时精读课文，充分把握作者的写作思路和感情线索，大到文章的结构处理，小到作者的写作背景，段落内的词语理解和朗读时的感情变化，教师都应在备课时把握好。

然而，教科书编得再好，仍会存在一些不足之处。如教材内容的滞后性、教材编排的定型化、课程资源的有限性等。我们的课程改革主张"用教材教"，反对"教教材"。也就是说，教师要指导学生创造性地使用教材，可以因地、因时、因生制宜，对教材进行必要的增删调整。为此，我觉得教师在精读的同时，还要结合自身的思想深度、人生阅历和审美水平揣摩课文内容，以便更客观地把握课文。而且，语文教学还必须摆脱传统教学的束缚，一定要结束"两耳不闻窗外事，一心只读教科书"的局面。语文教学要面向自然、面向社会、面向现实生活，不仅要让课堂充盈丰富多彩的语文实践活动，使小课堂连着大世界，而且要拓宽语文教育，将课内、课外一体化，实现课内打基础，课外练功夫，引导学生在自然、在社会、在广阔的生活空间里学语文、用语文，丰富知识，增长才干。

为此，我在备课中还经常利用各种工具查阅与课文相关的资源，使课内与课外的知识有机地结合起来，这个过程，其实就是教师与文本之间的对话。我之所以要求自己对课文既要读进去（精读），又要走出来（揣摩），其实是为开放课堂教学做准备，因为此时的师生关系应是平等的、民主的。教师与学生之间有可能成为朋友，甚至成为同学关系，大家可以互相提点、互相批评、互相学习。上课前，教师做好与文本的对话，把课文读通、读懂、读好，就能更好地与学生在课堂上共同学习和研究，就能创造出更轻松、更活跃、更和谐的课堂气氛。

二、处理好学生与文本、学生与学生之间的对话

阅读教学除了要培养学生感受、理解、欣赏、评价的能力，还要引导学生领悟文章的表达方法，培养学生的写作能力。现代的阅读观认为，一般意义上的阅读，是搜集处理信息、认识世界、发展思维、获得审美体验的重要途径。因此，我在课堂上把时间交给学生，引导学生以小组的形式进行自学，通过小组内质疑、释疑的方式初步把课文读懂。与此同时，我还要求学生读书时要找出自己喜欢的段落或感受最深的段落多读几次，还要在段落旁边写上自己的感受和体会。这样一来，学生就可以在课堂上进行自主独立学习、小组合作探究学习，他们就可以在学习中提出问题、分析问题、合作解决问题，进行创造性阅读，读出新意。

例如，十二册的《匆匆》一课，文章语句优美，寓意深刻。教学时，我安排了大量时间给学生进行课堂感悟，学生们有的自己感悟，有的找同学一起

研究，有的与老师交流感受。后来我还发现许多学生在课堂上写出了让我意想不到的精彩片段，就连平时害怕写作文的学生也在读书中有所收获，如班里的小黄同学这样写道："读了这篇课文，我想到了生命总是匆匆数十寒暑，你做了什么，收获了什么，都会被时间冲淡，渐渐地被人遗忘，死了就什么也没有了。人生最重要的就是现在，过去的你不能改变，未来的你不能预料，因此，只要现在你过得高兴，过得舒服，过着自己想过的生活就足够了。"班里的小付同学在书上这样写道："读了《匆匆》这篇课文，使我感受到时间是无情的，它可以给人们带来后悔与伤痛；时间是美好的，它可以令人们享受劳动的成果、勤奋的功劳和丰收的喜悦；时间也是公平的，它不会因为某个人而放慢或加快速度，更不会停留。从古至今，时间的速度如一，令有什么前因的人有什么后果。一个浪费光阴的人，他一生只能是空白的，没有一丝色彩，换来的只能是一头白发和悔恨；一个珍惜时间的人，他的人生是多姿多彩的，所有的酸甜苦辣都是如此有意义，痛苦对他而言是时间给予他的磨炼，而快乐则是他自己挣回来的成果。只有珍惜时间才能使人更丰富、充实。"

看着这一篇篇富有哲理的短文，我心里充满了惊喜，原本以为很难教好的一篇课文竟被学生就这样读懂了，这不正是我们需要的生本"对话"吗？类似的惊喜在这一年多的时间里不断出现，其原因就是40分钟的课堂教学过程，大部分时间是让学生在说、在表演、在讨论，而教师只是课堂教学的组织者、引导者、参与者，所以学生的参与意识很强，他们在这个过程中体验着竞争、辩论的快乐，享受着探究、合作的喜悦。这就是学生与文本、学生与学生之间的对话，这样的对话形式体现了学生是学习发展的主体，要实现有效的课堂学习，学生的自主学习是基础。同时，并没有忽略课堂内的合作学习，因为课堂内的合作学习可以激发学生自我确认、自我完善和相互竞争。

这样的课堂教学，由于学生学习主体的地位开始得到尊重，因而激发了学生的学习兴趣，培养了学生学习的自信，使绝大多数学生爱学语文了；由于在学习的过程中，开始落实自主学习，落实读书实践，从而使大多数学生爱学语文了；由于开始尊重学生的独特体验，学生便乐于发表个人的感受与见解，乐于读出自己在学习中的思考与发现，部分学生就开始有个性地学语文了。新一轮课改倡导自主、合作、探究的学习方式，这样的方式更需要我们教师开放课堂，让学生与文本，学生与学生之间进行自由而真诚的对话。

三、处理好教师与学生之间的对话

我们一直认为师生间的对话就是教师提问，学生回答。师生间是说者与听者的关系，这样的课堂不允许有异议存在，学生的个性得不到张扬。《语文课程标准》指出："语文课程应培育学生热爱祖国语文的思想感情，指导学生正确地理解和运用祖国语文，丰富语言的积累，培养语感，发展思维，使他们具有适应实际需要的识字写字能力、阅读能力、写作能力、口语交际能力。语文课程还应重视提高学生的品德修养和审美情趣，使他们逐步形成良好的个性和健全的人格，促进德、智、体、美的和谐发展。"试问，如果我们还用以往的教学模式，还采用以往的对话形式，又怎能体现《语文课程标准》的要求呢？因此，新课程改革要求语文教师在教学时要充分发掘教材中的实践因素，在课堂教学中为学生提供更多实践的机会和更大空间，并且引导学生在社会生活实践中获取知识，形成语文能力，增长才干。教师要成为学生语文实践活动的指导者、促进者和伙伴。

教师要想成功转型，就应该处理好师生间的对话方式，使师生的对话建立在平等、民主的基础上。教学中，我会以促进者和伙伴的身份参与到学生的小组学习中，在这个过程中，我会尊重学生的独特感受，认真聆听学生的分析、解释以及对我的批评、指正；我还会与学生共同交流学习的感受；同时，我也会对学生的错误认识进行正确引导。教学中，我还会以指导者的身份适当地引进相关的课程资源，如指导学生课前搜集资料，增加对作者、背景、主人公的了解；课中插入相关资料、文章的阅读，帮助学生理解课文；课后向学生推荐读物，拓展学习内容，提高阅读能力。由始至终，我觉得自己是在与学生共同学习、平等对话。这样的对话形式正是学生所喜欢的，因为它使学生真正地成了课堂的主体，学习的主人；它对学生起到了启发、促进、激励的作用，常常使学生的思维撞击出璀璨的火花；而教师也可以在与学生共同学习、平等对话中因势利导，使师生通过互动交流，真正实现教学相长。

由此可见，在课堂上、在一切教育的时空中，教师尊重每个学生的个性选择、个性价值，让学生成为课堂的主体，还给学生张扬个性的自然性，是课堂真正"活"起来的关键。

一年多来，我在不断的实践探索中意识到，教师要改变把学生禁锢在小小的课堂里日复一日地重复单调枯燥地学习的状况，就必须重新考虑课堂"对话"的形式和方法，认真处理好教师、文本、学生之间的关系，形成开放、平等、民主的课堂学习氛围，并在这种学习过程中不断提高学生发现问题和解决问题的能力、搜集和处理信息的能力、综合运用语文的能力和创造性以及责任感、合作精神等。因为这些既是十分重要的语文素养，又是现代人必备的基本素质。

原载《语文周报·教研版》2011年第19期

参考文献

［1］郑明江.小学语文新课程课堂教学案例［M］.广州：广东高等教育出版社，2003.

［2］于永正.答青年教师问［J］.小学语文教师，2003（10）.

［3］杨鼎夫.语文课程标准导读与小学案例评价［M］.广州：广东人民出版社，2003.

以生为本，构建有效的语文课堂

在新课程改革初期，大多数小学语文教师面对各级各类参赛课例、观摩课例都曾感到过迷惘、茫然，只觉得那是"乱花渐欲迷人眼"。相信许多教师都曾问过自己"我们的语文课到底要教些什么"？而这个问题也引发了相关专家、学者的关注。经过一番热烈讨论后，专家们提出了"简简单单教语文，扎扎实实求发展"的倡议，倡导语文教学要"返璞归真"，要将语文课上得"真实、朴实、扎实"，要提高语文教学的实效性。近两年，我在教学中也不断探索这个问题，力求在课堂教学上体现"高效落实"四个字。以下是我个人的一些粗浅看法。

一、以生为本，才能体现教学目标的有效性

仔细阅读崔峦老师在第六届、第七届全国青年教师阅读教学大赛上的评课稿，不难发现这样的字眼："阶段性不清""教学目标越位与不到位"。是什么导致教学目标因为出现越位、不到位和阶段性不清的现象而失效呢？我想有两个原因。

第一个原因是教师在备课过程中加入了太多主观的东西，总觉得这个内容要教，那个内容也要教，因此，将许多与年段不符合的知识强加给了学生，从而造成了上述现象。例如我听过的三年级的《盘古开天地》一课。教师在40分钟的课堂里，除了引领学生朗读感悟，还将神话故事的产生、主要的表现方法、我国古今神话故事著作的推荐都作为本课学习的目标。而对于三年级的学生来讲，对其进行适当的阅读推荐可以，但要将神话故事的产生、主要的表现方法等内容也纳入该年级学生的学习内容中，则明显是教学目标越位的体现。因此，当教师在讲到这部分内容时，学生普遍听不懂，这个环节也使这节课的效果大打折扣。由此可以看出，教学应以生为本，否则就不能体现教学目标的有效性。

对于第二个原因，我觉得主要是教学环节没能为教学目标服务，因而不能体现教学目标的有效性。以我在去年执教的《自己的花是给别人看的》一课为例。从一开始，我就将教学目标制定为：①认识3个生字，会写7个生字，正确读写"天性、宇宙、真切、脊梁、家家户户、莞尔一笑、花团锦簇、姹紫嫣红、应接不暇、耐人寻味"等词语。②有感情地朗读课文，背诵课文第三自然段，积累课文中的优美语言。③了解作者所介绍的德国风景与风俗特点，结合上下文与生活实际体会含义深刻的语句，从中受到启示与教育。这三个教学目标基本体现了知识技能，过程方法和情感、态度、价值观的三个维度的目标，符合年段的要求。但在三次教学中，因一个环节的改动，效果则截然不同。

为完成目标二，我一开始的设计是让学生画出描写花儿美丽的语句之后展开想象练说，如你都看到了哪些花？这些花是怎样的？这个问题提出以后，学生虽发言积极，但内容与形式比较单一，就算后来品读了几次，也未能在课堂上落实背诵积累的目标。第二次，我将这个环节改为借助图片理解"花团锦簇、姹紫嫣红"，继而展开想象练说，接着有感情地朗读。由于有了图片的引领，学生的发言较之前精彩了许多，朗读的效果也比之前好。但课后却觉得借助图片理解词语的环节明显是降低了要求，有点儿目标不到位的感觉。第三次，我将这个环节更改为由学生直接找出"花团锦簇、姹紫嫣红"这两个描写花多花美的词语，再通过近义词替换的方法反复诵读这组句子，接着让学生观看一组图片，听老师朗诵该段，最后将这段内容背诵出来。此次的效果较之前两次都好，既落实了积累，又充分体现了语文的"读味"。

反思这三次教学，我得出一个结论：以生为本，以学定教，才能在课堂上体现教学目标的有效性。

二、以生为本，才能体现课堂生成的有效性

我相信很多教师在上观摩课、比赛课时都有这种想法：如果学生都能按照自己的设计进行讨论学习，那我就能够顺利完成教案上的内容了。于是，有的教师为了让学生说出自己想要的答案，不惜左提示，右提示，哪怕是绕了一个大圈，只要学生能说出自己预设的答案就行。但这样的课我们并不认同，因为这样的课毕竟是死板有余，灵动不足。

还记得特级教师王崧舟老师执教的《荷花》一课。当王老师请学生想想

"白荷花从这些碧绿的大圆盘之间冒出来干什么"时，有一个女学生说："白荷花冒出来和蜻蜓亲吻。"面对这样一个富有想象力的回答，换作我最多就是表扬她想得妙而已，而王老师却是这样评价的："你怎么会想到'亲吻'？谁亲吻过你？……你的想象多么富有人情味！"就这么一个课堂生成，让我们深深感到，王老师不仅关注学生的语言发展，更关注学生特有的个性化的情感体验。[①]

崔峦老师在全国第六次阅读教学研讨会上也提出"要重视预设，也要注重生成。'预则立，不预则废。'教的法子要源于学的法子，教的调整要跟上学情的变化。不顾学情一味地'走教案'，是目中无人的教学，教学效果必然会大打折扣"。崔老师的一番总结让我们懂得：课堂是属于学生的，只有以生为本，充分利用学生精彩的发言，巧妙运用意想不到的打岔，才能体现这些课堂生成的有效性。

三、以生为本，才能体现拓展延伸的有效性

《语文课程标准》指出："逐步培养学生探究阅读和个性阅读的能力，提倡多角度、有创意的阅读。"这就要求教师采取合适的教学策略，拓宽语文学习和运用的领域。拓展性学习正好为学生构建了一个开放且有活力的教学平台。可是，我们在听课过程中却发现语文课变味了，一节语文课，老师除了讲书本的内容，还加进了许多课外的内容，对语文课的评判标准似乎是谁用的课外东西越多，谁的理念就越新，谁的课就越有特色。事实真的如此吗？其实不然，陈先云先生在全国第五届青年教师教学观摩活动上有感而发："现在有的语文课游离了文本的学习，成了自然课、社会课，甚至成了艺术课；课堂成了'资料展示厅'，内容庞杂，形式令人眼花缭乱，目不暇接。"为什么会这样？归根到底，就是因为大多数教师对文本解读不够，对文本欠缺合理的"开发"，为拓展而拓展，没有考虑拓展的有效性。

上周，我们有幸听了本区教研员杨晓红老师执教的"六年级下册古诗词背诵单元"。基于"教是为了不教"的前提，杨老师在课堂上非常注重学习方法

---

① 王琪.从课堂用语看教学观念的转变［J］.小学语文教师，2001（12）.

的渗透和总结。为了让学生更好地读诗句、懂诗意、悟诗情、用诗句，杨老师在课堂上拓展了以下内容：引入《汉宫秋怨》《阳关三叠》《十面埋伏》《彩云追月》等四首乐曲；引入名人活用诗句的故事；引入"安史之乱"的故事；引入了送别诗的相关名句等。细想一下，这些拓展的内容无不跟学生的学情有关。《汉宫秋怨》《阳关三叠》《十面埋伏》《彩云追月》等四首乐曲，是作为学生读懂诗意后的自选配乐朗读材料，让学生在读诗的同时能较快地把握住诗词的感情色彩；周恩来总理、温家宝总理活用诗句的故事是作为学生活用诗句的范例；在学生朗读到送别诗词时，引入送别诗的相关名句，是要引导学生进行知识的横向整理；引入"安史之乱"的故事，是为了帮助学生更好地理解杜甫的《闻官军收河南河北》。正是因为拓展了以上的内容，这节课才显示出其容量大、内涵深、互动强的特点。

有了杨老师的课例，我们不难发现：只有关注学情，从学生的实际出发，课堂的拓展才能体现出它的有效性。

语文课堂本来就是属于学生的。教师只有在课堂教学中关注了学生的学习需求，学习中的困惑，独特的感受及学生在能力、方法、习惯上的收获，我们的语文课堂才是成功、优质、高效的课堂。

如何把握课堂上教师的"讲"

在新课标的指导下，小学语文课堂教学发生的巨大改变是有目共睹的。然而，教师为了更好地体现学生的主体地位，使学生在课堂上得到快乐，个性得到张扬，却都纷纷精简起自己的讲稿来，于是课堂上或由学生泛泛而读，冠以"以读代讲，自读自悟"；或由学生七嘴八舌谈天说地，美其名曰"讨论探究"；或由多媒体课件全权代理，称之为"运用现代化教学手段辅助教学"……难道在新课标指导下的语文课堂上，"讲"就是"满堂灌"？"讲"就是抹杀了学生的主体地位吗？其实不然，如果我们把握好"讲"的时机、深度和技巧，学生不但主体地位依然存在，而且会学得更好。

一、把握好"讲"的时机，构建师生共同成长的学习过程

1. 案例：《两小儿辩日》

教师请学生自由诵读课文，初步把握课文大意后，问学生："对于两小儿的笑，你是怎么理解的？"学生众说纷纭，有的学生认为是笑孔子的无知，有的学生认为两小儿是嘲笑孔子浪得虚名……对于学生的回答，教师说："这些都是你们的理解，老师暂不加以评论，不过建议大家在下面的学习中用心去感受。"在接下来的学习过程中，老师与学生一起读，一起议，在正确把握了文章的主要内容，知道课文主要讲的是两小儿争论太阳的远近的事之后，教师再问："现在对两小儿的笑有新的问题吗？"这时学生们纷纷举手，有的学生认为两小儿笑的是争论不下的局面，有的学生认为两小儿的笑是不相信孔子。此时，学生的理解已与之前的有所不同。教师在这时接过话头说："看来大家都觉得两小儿的笑是善意的笑。说实话，要理解这个问题的确是不容易的，但是大家在读书和谈论中就感觉到了，真是'书读百遍，其义自见'。"

2. 诠释与研究

新的课程理念认为：课堂教学不是简单的"知识"授受过程，它是师生共

同成长的学习过程。在这个过程中，教师应以学定教，顺学而导，使课堂充满生机。应该说，读是理解的前提和手段，但有些知识，并不是光靠读就能读出来的，需要教师的点拨和引导。

案例中正确认识两小儿的笑，是理解这篇文言文的关键所在。在课堂的前半部分，教师对学生的种种揣测不予评论，而是和学生一起不断地读书、探讨；然而当学生有了一个全新的认识后，教师及时进行评论并归纳为"两小儿的笑是善意的笑"，这一前一后，教师准确地把握了讲的时机。前面不予评论是因为时机未到，试想如果教师当时就直接把两小儿的笑归结为善意的笑，那么学生还能在与文本的对话过程中有所感悟、有所创新，还能真正懂得"书读百遍，其义自见"这句话的意思吗？正是由于教师选择了一个恰当的时机点拨和引导，才使得教师与学生就如同一个池塘里的大鱼和小鱼，在探索知识海洋的过程中共同前进，从而在课堂上形成了一个师生共同成长的学习过程。

二、把握好"讲"的尺度，开展生动扎实的语言实践活动

1. 案例：《两小儿辩日》

在指导学生理解"日初出苍苍凉凉，及其日中如探汤"一句时，教师提出了这样一个问题：结合注释说说"探汤"的意思。学生回答："探汤就是很热的意思，汤在这里表示热水。"教师接着说："你还知道哪些带有汤的词语，能说一两个吗？"学生脱口而出，说出了"固若金汤"一词，教师笑着说："真坚固，还能再想一个吗？"此时，学生们面面相觑，说不上来。教师接着说："'赴汤蹈火'听过吗？"学生点头，教师又说："它的意思是无论怎样艰难，我都将勇往直前。其实不只在成语里有，在口语中也有。比如在上海，人们把装热水暖手的东西叫'汤馎馎'，听说过吗？"学生们纷纷摇头，教师问："如果老师现在问你听过吗，你说呢？"学生异口同声地说："听说了。"教师顺势说："这就叫日积月累。"

2. 诠释与研究

我们的学生还处在成长和发展阶段，其经验、感悟和体验是有限的，离不开教师的点拨和引导。在这个教学片段中，我们可以很清晰地看到教师在课堂上巧引点拨，引导学生进行生动扎实的语言实践活动。从理解"探汤"中的"汤"到说出带有"汤"的成语，这是学生理解和应用语言的过程，学生在这

个过程中碰到了困难，教师适时解说了"赴汤蹈火"这个词，并由此引申到上海方言用语"汤馉馉"，为学生的语言积累做了一个良好的示范，学生们也听得津津有味，期待着教师多讲讲。可教师没有这么做，他只是顺势告诉学生"这就叫日积月累"。这让我们多少有点儿意犹未尽的感觉，有些教师甚至觉得如果上课时教师再多举一两个例子或让学生再多说几个就好了。然而仔细想想，却又觉得上课教师的做法是恰如其分地把握了"讲"的尺度。我们常说"授人以鱼，不如授人以渔"，汉语里的词汇那么丰富，几个例子怎能一一道尽？上课教师的一句"这就叫日积月累"既深化了其讲解的内容，又使学生懂得词语的学习就是这样简单、便捷，不但可以从书本上得来，还可以从生活中得来。在整个语言实践过程中，学生的体验是那么生动、快乐、实在。教师让学生从抽象的课本知识中跳出来，给学生感受语言文字的机会，使学生在与现实生活的撞击、交流中产生对语言文字学习的热爱。试问在这种情况下，还有谁会质疑教师讲得过多或过少，还有谁会质疑学生的主体地位被抹杀了呢？

三、把握好"讲"的技巧，挖掘学生想象和创造的潜在力

1. 案例：《大瀑布的葬礼》

情境一：在指导学生有感情地读好了第八自然段后，教师出示"酸甜苦辣"一词，问学生："你从课文中读出了'酸甜苦辣'的哪种味道？"学生各抒己见，有的说读出了苦味，为大瀑布水源的枯竭感到难受、痛苦；有的说读出了酸味，因为看到大瀑布即将消失，心里感到心酸；还有的说读出了辣味，看到雄伟壮观的大瀑布即将消失，感觉自己受到了打击；也有的说读出了甜味，因为读到大瀑布的雄伟壮观，心里觉得很高兴……听了学生的回答，教师说："我也读出了甜味。我的甜是因为巴西总统参加了大瀑布的葬礼，他的举动告诉我，总统越来越重视环保问题了。"学生听了，不住地点头，表示赞同。

情境二：教师组织学生分小组讨论、探究大瀑布消失的直接原因和根本原因，并进行全班交流后，教师借用孟子的话说："瀑布我所欲也，水库亦我所欲也，瀑布、水库不能兼得，舍瀑布而求水库也。"教师的话激起了学生的共鸣，学生也不禁跟着教师吟诵起来。

2. 诠释与研究

这是一节五年级的阅读课，教师在课堂上话说得不多，却字字珠玑，句句

有用。在上面的两个教学情境中，教师很好地把握了"讲"的技巧，教师简洁的"讲"给课堂带来良好的承接效果。面对学生的众说纷纭，教师加入其中，发表自己的见解，及时地把学生引导到对文本主旨的理解上；听了学生具体分析了瀑布消失的原因，教师及时借名言，将课堂的气氛推向了高潮。人们常说，一千个读者就有一千个哈姆雷特。阅读是个性化的行为，不同的人会有不同的理解。阅读教学过程就是培养和陶冶学生思想感情的过程。当学生有了自己的理解、想象和创造时，教师运用精确巧妙的讲，就能牵一发而动全身，激发学生求知探微，引导学生深入思考，更好地感悟、体验文本。我们相信，文本和心灵的碰撞，击出的必是智慧的火花。

四、把握好"讲"的对象，激发生本、生生对话交流的激情

1. 案例：《丑小鸭》[①]

课堂上，教师引导学生通过朗读，感悟了丑小鸭的不幸和坚强，当教师正准备讲丑小鸭终于迎来了春天和幸福的生活时，一个学生提出了这样一个问题："丑小鸭本来就是一只小天鹅，如果不离开家，它虽然会受到别人的欺侮和嘲笑，但等到第二年春天它长大了，不也会变成一只美丽的大天鹅吗？那时，它不也会过上幸福的生活吗？"原本热闹的课堂一下子安静下来，教师与学生面面相觑，不知如何作答。上课教师略微沉吟之后，出示了一个小小的讨论题：如果丑小鸭一直甘心生活在那个鸭窝里，受别人的嘲笑和欺侮，等到第二年长大了，它会成为一只真正的天鹅吗？想想那时的丑小鸭是什么样的？课堂上一下子热闹起来了，学生们议论纷纷，在不到3分钟的时间里，几乎所有的小组都认为"那时的丑小鸭最多也只能算是一只白鸭子"。在听了学生们生动的描述后，教师小结道："看来，失去了尊严，没有经过磨炼的丑小鸭即使长大了也不可能变成真正的白天鹅，因为它缺少了一颗天鹅的心，它当然不可能获得真正的幸福生活。"学生们听了不住地点头。

---

① 陆霞.鸭子？天鹅？——谈语文教师对课文内涵的把握和处理［J］.小学语文教师，2003（3）.

2. 诠释与研究

这是课堂上一个生动的小插曲，学生所提出的问题之所以会使课堂陷入僵局，是因为学生的说法从生物学的角度来看没错，但对于理解作品的积极意义来说，却又成了一只名副其实的拦路虎。安徒生在创作这篇作品时，主要是针对当时封建出身论的批判，表达了对人的价值的肯定，他在原文的末尾写了这样一句话作为总结："出生在鸭子窝里也没有什么关系，只要你来自一只天鹅蛋。"这看似简单的一句话，如果要真正领会其中含义，则绝不是三年级小学生所能轻易办到的，它需要有广博的阅历和深邃的思考。在此时，如果上课教师不能把握好讲课的对象，只一味的分析、讲解，我想这节课留给师生的将是一次痛苦的经历。我们知道，学生是充满个性、灵动的个体，当精彩纷呈的教学形式和不断涌现的教学新意脱离了这些个体的实际时，那只能得到南辕北辙的教学效果。上课教师在教学中及时调整教学策略，结合三年级学生的认知水平，设计了一次讨论，这么做，无疑是抛砖引玉，教师提出的话题激起了学生与文本、学生与学生之间的对话，帮助学生在解决问题的同时，还有助于学生深刻地领悟文章的内涵，锻炼了学生的思维能力。

在倡导"平等、对话"的语文课堂上，教师要履行好"平等中的首席"这一职责，只要小心把握"讲"的时机，就能帮助学生感悟更深；只要把握好"讲"的尺度，就能把学生的思维引向深入；只要把握好"讲"的技巧，就能挖掘学生的想象力和创造力；只要把握好"讲"的对象，就能激发起生本、生生对话交流的激情。所以在课改的今天，我们应该在思想上挣脱羁绊，从教育规律和学生身心发展的规律出发，以科学、发展的眼光看待这个问题，正确把握"讲"的作用，真正做到不需讲时不讲，需少讲时精讲，该大讲时畅讲、理直气壮地讲。

文本解读、拓展、整合三者谈

《语文课程标准》中指出，要"培养学生广泛的阅读兴趣，扩大阅读面，增加阅读量，提倡少做题，多读书"，要"鼓励学生自主选择阅读材料"，要"努力建设开放而有活力的语文课程"。拓展阅读的研究和实践正是基于这样的理念展开的。然而在实际教学中，教师在处理文本解读、拓展、整合三者关系时，却往往有失偏颇。本文将结合实际教学、听课所得简单谈谈这三者之间的关系。

一、文本解读是基础

"文本解读"，简言之就是指教师在课前对文本进行细致认真的研究和深读，它强调教师要从课程角度对文本做深入而多维的研究与深读，而不是被参考书、教学设计集萃等限定了脚步、屏蔽了视野。[①]

我们知道，教科书编得再好，仍存在一些不足之处。如教材内容的滞后性，教材编排的定型化，课程资源的有限性等。为此，我觉得教师在对文本进行解读的时候，要用辩证唯物主义思想批判地读教材，一边读，一边结合自身的思想深度、人生经历和审美水平以旁观者的身份多层次、多角度、全方位地揣摩课文内容，以便更客观地把握文本。

有了对文本的充分解读，我们的拓展才有依托，我们的整合才有意义。比如人教版课标教材四年级上册第20课《古诗两首》（李白的《黄鹤楼送孟浩然之广陵》和王维的《送元二使安西》），这两首诗都是千古传颂、脍炙人口的送别诗。李白的《黄鹤楼送孟浩然之广陵》表达了诗人送别好友时无限依恋的感情，诗的前两行叙事，后两行写景，景中却包含着一个诗意的情节，帆影消

---

① 叶刚.语文教师的三堂"必修课"［J］.小学语文教学，2006（10）.

逝了，诗人却还在翘首凝望，似乎要把自己的一片情意托付江水，陪伴行舟，将友人送到目的地。诗人巧妙地将对好友的一片深情寄托在对自然景物的动态描写中，将景与情自然地交融在一起，含吐不露而余味无穷。而王维的《送元二使安西》既不刻画酒筵场面，也不直抒离情别绪，而是别具匠心地借别筵将尽、分手在即时的劝酒，表达出对友人的留恋、关切与祝福，使人不难想到这对好友频频祝酒、殷殷话别的情景。教材选编这两首诗的意图，一是使学生在诵读中感受朋友之间深厚的友情；二是让学生继续积累诗句，培养对祖国诗歌的热爱之情。当我们充分地解读了这两首诗后，我们在教学中就能以"情"切入，让学生通过诵读、想象、比较，领悟诗人在表现手法上的异同。

二、拓展是对文本的深化

课本是最基本、最重要的教学资源。对于阅读课来讲，适度的拓展往往能起到画龙点睛、超越文本的作用。

我们不妨回顾一下全国特级教师窦桂梅老师上的《圆明园的毁灭》一课。在两个课时的教学中，首先，窦老师组织学生交流预习课文的感受，继而引导学生理解圆明园的辉煌具有不可估量的价值。在这部分的教学过程中，窦老师为学生补充了圆明园20景名称，重点是引导学生理解圆明园的占地之大，是世界园林艺术的瑰宝。其次，窦老师引导学生理解圆明园的毁灭是不可估量的损失。在这部分的教学过程中，窦老师重点指导学生理解火烧圆明园的时间之长，毁灭之多，为了加深学生对内容的理解，窦老师还补充了法国作家雨果的一封信，信中雨果阐释了他对圆明园的毁灭感到的遗憾、可惜。窦老师借助一位外国作家的感受，更好地加深了学生对内容的理解。最后，窦老师安排了一个想象练习：假如你是帝王、大臣、士兵，你会怎样做？这几个教学内容，窦老师以走近圆明园——走进圆明园——走出圆明园为主线，一气呵成。

窦老师的课设计新颖，引人入胜，课后细想发现，窦老师的课中每一个环节都体现了她的匠心独运。例如，窦老师为学生补充的圆明园20景名称，实际是从相关资料中进行的知识迁移拓展，既依托了文本，又深化了文本内容，加深了学生的理解。又如，教学中引入的雨果的一封信，看似与文本毫无瓜葛，其实却是从一个外国人的角度批判了八国联军的罪行，这对学生理解"损失"一词极有帮助。这次的拓展既依托了文本，又超越了文本，它活化了学生对文本的思维，升华了文本的主题。再如，教学的最后环节，让学生进行想象练习，这是根据学生生活中的直接体验进行的拓展，此次拓展体现了语文教学的层次性，引领学生真正走进了圆明园的毁灭中，感受这场毁灭带给大家的痛楚，使学生内化文本的语言。

窦老师的这节《圆明园的毁灭》传递给我们这样的信息：语文课堂需要拓展，拓展离不开文本。我们不能为拓展而拓展，不能让拓展流于形式。把握好拓展的适度性，就能很好地深化文本、反哺文本。

三、整合是关键

如果将"文本解读"看作是钢筋，将"拓展"看作是砖石，那么"整合"就是混凝土，能最大效能地将砖石与钢筋结合在一起，变成坚实的墙体。由此看来，整合是语文教学中的关键。

还以《古诗两首》（李白的《黄鹤楼送孟浩然之广陵》和王维的《送元二使安西》）为例。由于这两首诗表现的都是离别情，所以，在教学时，我准备了乐曲《送别》和《阳关三叠》用以渲染。首先，我出示李白的《黄鹤楼送孟浩然之广陵》，让学生通过反复诵读，找出其中表现诗人与友人情谊深厚的诗句，反复品读。其次，我出示以前学过的《赠汪伦》，引导学生通过朗读、比较，体会李白与朋友之间的深厚情谊，学生此时已经能从诗句中品悟出友情的深厚了。最后，我出示王维的《送元二使安西》，让学生通过诵读、比较，就可以很快体会两首古诗表达方法上的异同，同时也感悟朋友间真挚的感情。在教学中，虽然一节课的时间有限，但学生却学到了超出40分钟的内容，这就是整合的作用。

去年，我有幸听了广州东山培正小学张学清老师执教的《游子吟》一课，张老师的这节课容量很大，她整合了孟郊的《游子吟》《弟子规》以及《孝经》，这些内容都在一节课里呈现，但学生却学得津津有味，听课者也觉得教学环节环环相扣，丝毫不显得累赘、拖沓。这都归功于整合的作用，而这种整合是"无痕"的，它是沟通、融合、高效的，这种整合使文本的价值得到了最大限度的挖掘和体现。

新课标指出，语文教师应"重视课程资源的开发和利用"，应"拓宽语文学习和应用的领域"，要"努力建设开放而有活力的语文课程"，使学生"在不同内容和方法的交叉、渗透和整合中开阔视野"。处于"平等中的首席"位置的教师，在处理文本、拓展、整合三者之间的关系时，关键不在于拓展占用了多少课堂时间，也不在于课堂上文本解读是否深入，而在于各项资源整合是否恰到好处，是否起到了画龙点睛的作用，是否实现了对课堂教学的有效突破。

给学生讲故事，使学生更贴近语文

国家语言文字工作委员会《语言文字报》原主编杜永道老师，曾列举了给孩子讲故事的三个好处：一是能帮助孩子学习语言，提高语言运用能力。二是有利于帮助孩子从小树立正确的道德观念。三是能让孩子在轻松愉快的倾听中，学到科学知识和社会知识，激发出强烈的求知欲，并由此产生学习动力。[①]

最早想起为学生讲故事，缘于3年前。当时我案头有一本《哲理小品》，里面的故事短小精悍，意蕴深远。我觉得里面的故事很有意思，值得与学生分享，于是我便从每天的语文课里腾出5分钟的时间，给学生讲一个故事。当这种行为成为一种习惯以后，竟发现对自己的语文教学有很大的帮助。

一、讲故事，拓宽了学生的视野

阅读课上，我把三年级的学生带到了阅览室。阅览室桌上摆放着各种各样的书刊：有科普杂志、儿童小说、经典诗词、漫画、成语故事、童话故事、寓言故事等。看到这么多的书，成绩中等的小志直奔漫画书，选了一本胡乱地翻阅了一下，就丢到一边拿起另一本漫画书，如此数次。我按捺不住，走到小志身边，拿起他看过的那几本书，天哪，快一个学期了，每节阅读课他看的都是这几本书！我问小志为什么不看看其他的书。他告诉我看其他的书费劲，没意思。

听了小志的话，忽然觉得自己的语文教学很失败。《语文课程标准》在总目标里如是说："认识中华文化的丰厚博大，吸收民族文化智慧。关心当代文化生活，尊重多样文化，吸取人类优秀文化的营养。"一直以来，我把课文讲得生动有趣，又经常给学生推荐阅读图书，还主动带领学生去阅览室看书，但

---

① 杜永道.怎样给低年级孩子讲故事［J］.小学语文，2011（3）.

班上像小志的学生却不在少数，他们认为读有字的书很费劲，没意思。这完全与我的教学初衷相悖，我一直相信大量阅读能丰富学生的知识，拓宽学生的视野。怎样才能引导这些学生喜欢读书？我想到了讲故事。这一天，我利用语文课上的5分钟时间，给学生讲了《狮子和羊》的故事。这是一则寓言故事，与文本内容接近，学生听得津津有味，故事讲完了，他们还意犹未尽。看着他们眼睛里流露出来的渴望，我忽然觉得讲故事也是一种拓宽学生视野、引导学生喜欢读书的好方法。于是，我将自己平常看过的有趣的故事都记下来，一有空就给学生讲。一个学期下来，我给学生讲了上百个故事，这些故事中，有哲理小故事，有寓言故事，有作家们的国外见闻，有小学生自编的童话故事等，这些故事带给学生许多新奇的东西，使他们知道了许多语文书之外的东西，帮助学生认识了他们生活圈子以外的事情。

二、讲故事，促进学生的自主阅读

这天的语文课，我想起了《少年儿童研究》里推荐的一本书《小牲口》。这本书的作者是一名中学生，她用学生的眼光解读了"校园暴力"给未成年人带来的伤害。书里面提到的几个片段与班里某些学生的经历极为相似。要不，我就给学生讲讲这个故事吧。于是，我绘声绘色地讲起了《小牲口》里的几个片段，学生听得极为认真，我能感觉到他们被这个故事深深地吸引了。学生表现出来的对故事情节发展的期待，让我很兴奋，我决定就此打住，在学生一句句的请求中，我把书名写在了黑板上，告诉他们："想知道故事会怎样发展，请自行找来读，可以上网阅览，可以到图书馆借阅，也可以直接购买。"第二天，我就看到班上有学生捧着一本《小牲口》在津津有味地阅读，没过几天，又看到有几个学生在读。两周后，我做了一个统计，阅读了这本书的学生竟然接近50人（全班总人数62人），通过各种途径购买了这本书的占1/3，通过借阅，阅读了这本书的占2/3，之前一直觉得阅读有字的书很费劲的小志也买了一本，一下课就捧在手里看。

《语文课程标准》中提及，学生应"学会运用多种阅读方法。能初步理解、鉴赏文学作品，受到高尚情操与趣味的熏陶，发展个性，丰富自己的精神世界"。而这件事让我很受鼓舞：原来讲故事还可以吸引学生阅读。之后，我经常在讲到故事的高潮时戛然而止，留给学生巨大的悬念，继而推荐学生找来书本阅读，学生在故事的引领和兴趣的驱动下陆续找来了《草房子》《假如给我三天光明》《圣经故事》《安妮日记》等书进行阅读。原来的阅读课，我要分配任务，一一落实；现在的阅读课，我可以放手让学生自主挑选，我不用再担心学生一进阅览室就直奔漫画书，一提起其他书就说读着费劲了。

三、讲故事，训练了学生的语感

记得那天，我给三年级的学生讲《小狗待售》的故事，学生在听到介绍小狗可爱模样的时候，禁不住掩嘴偷笑，当听到小男孩执意要买走那只跛脚的小狗时，教室里响起了哄笑声；当听到小男孩也是一个跛脚的孩子时，教室里立刻一片安静。从学生的变化中，我知道在他们的眼前一定出现了一群可爱的小狗，出现了一只跛脚的小狗，出现了小男孩倔强的神情，出现了小男孩拉起裤管，露出严重扭曲的畸形的左腿时坚定的表情。在那几分钟里，学生的感情随着故事情节时起时落，甚至有些学生还联想到小男孩与这只小狗以后相伴的日子。讲完后，与学生交流感受，有的学生谈到人与动物间要互相尊重，平等对待；有的学生谈到人要学会尊重，哪怕自己或别人不完美，也不要歧视；还有的学生想到了刚学的课文《检阅》和第五册的《掌声》，认为这三个故事表现了一个相同的主题。我听着，心里非常高兴：学生的理解与故事中的题记"如果你想受人尊敬，那么首要的一点就是你得尊重你自己"是那么接近，而这些复杂的内心感受都发生在我讲故事的短暂的时间里。学生在聆听故事的同时，对语言文字进行了分析、理解、体会、吸收，引起了情感上的变化，感悟出了故事的弦外之音，这个过程不就是一次语感的训练吗？

语文教学的目的，就是要使学生通过语言文字的学习，得到语感的训练，使学生掌握最基本的语文学习方法，具有独立阅读的能力，注重情感体验，有较丰富的积累，能初步理解、鉴赏文学作品，能具体明确、文从字顺地表述自己的意思等，这就是语感训练的作用。浙江师范大学王尚文教授说："语感就是人把握言语的主要方式，是个体与言语世界的直接联系，是思维并不直接参与作用而由无意识替代的、在感觉层面进行言语活动的能力，简称之为'半意识的言语能力'"①。

给学生讲故事，改变了学生学习语文的方式。在听故事的过程中，学生的信息量不断增加，知识面不断扩大，自主阅读的习惯慢慢养成，良好的语感慢慢形成。一句话：给学生讲故事，使学生更贴近语文！

原载《新课程学习》2011 年第 4 期

---

① 王尚文.语感论［M］.上海：上海教育出版社，1995（2000年重版）.

同读绘本，体验乐趣，让"阅读"成为"悦读"

2013年11月的台湾之行，我收获了一本由台中教育大学附设实验国民小学赠送的《eye现》，这本书收藏了该校学生的手绘本课程成果。打开这本《eye现》，一边感慨学生的创作力，一边又为学校十年如一日的坚持而喝彩。扉页上辛明澄校长说："文化是需要时间去累积与积淀的，尤其一个被学校、家长、学生及教师喜爱的学校文化，一定是全体教师与学生长时间去发展、省思与建构后，才可能形成的。"这一番话让我不由得想起了自己近两年在绘本教学方面所做的尝试。

对比台湾教育同行对阅读能力的重视与培养，《语文课程标准》也明确指出，要培养学生"广泛的阅读兴趣，扩大阅读面，增加阅读量，多读书，好读书，读好书，读整本的书"，并且在"总目标"中对课外阅读的总量做了具体明确的量化规定：九年课外阅读总量应在400万字以上。其中，第一学段学生的课外阅读总量不少于5万字。第二学段要培养学生养成读书看报的习惯，收藏图书资料，乐于与同学交流。课外阅读总量不少于40万字。第三学段要扩展阅读面。课外阅读总量不少于100万字。由此可见，课外阅读是课外语文活动的重要内容，是课内阅读的延续与扩展，是开启语文教学的又一把金钥匙。正是因为深谙课外阅读的妙处，所以每接手一个班级，我都会积极地在学生中推广阅读。

2011年9月，我接手了一个新班，在推动阅读的过程中却屡屡碰壁：学生手上没有书，尤其是好书。班里58名学生，除了《好词好句》《教材全解》等教学参考书外，就是《100字优秀作文》之类的习作范文书，想推荐学生看些优秀的书籍，学生说没有。想让学生坐下来认真阅读，难！58个学生中大部分没有阅读的习惯，通常都是捧起书从头翻到尾，再从尾翻到头，就告诉老师看完了。周末让学生把看过的课外书登记下来，接近1/3的学生填写的是语文书上的课文。由此可见，学生的阅读是到了匮乏的状态。经过调查，发现原因与家庭分不开：第一，大多数家长为了生计疲于奔命，回家以后没有精力再去顾及孩子的学习，更别提对孩子的阅读兴趣的培养。第二，大多数学生家里要养育不止一个孩子，家庭条件不甚宽裕，因此不允许为孩子购买过多的课外书。第三，家里面孩子多，学生回家以后，孩子之间相互影响，也为阅读兴趣的培养和阅读时间的保证设置了障碍。除此以外，课程设置上也有问题。除了每两周一次的阅读课以外，其他的语文课全数用来研读文本、测验、评讲，有时还感觉时间不够用，试问哪里还有剩余的时间去培养学生的阅读兴趣呢？为此，我头疼了很久，直到今年上半年，因为时间充裕，有了一个月的复习整理时间，我想到了绘本故事。于是，我从网上收集了10篇幽默风趣、很有意思的绘本故事，带进了我的语文课堂，没想到效果竟然出奇的好。

一、同读绘本，体验阅读的乐趣

阅读是一种终身教育的好方法。热爱阅读可以改变孩子的一切，使孩子受益终身。2013年10月9日下午，著名历史地理学家葛剑雄来到河北广播电视大学，做了一场题为"读书与人生"的精彩报告。葛剑雄以其自身经历为线索，对读书与人生的关系进行了全方位的思考，他认为把阅读作为人生的一种享受或乐趣，才是阅读的真谛所在。（《燕赵晚报》2013.10.10）

为什么我的学生总是提不起阅读的兴趣？会不会跟我让他们做笔记有关呢？想到这里，我想到了课堂上与学生同读绘本故事。绘本，顾名思义就是"画出来的书"，即指一类以绘画为主，兼附有少量文字的书籍。我们小时候喜欢看的小人书，也属绘本之列。有专家认为：绘本是最适合孩子阅读的图书形式。儿童心理学的研究显示，孩子从小就有认知图形的能力。虽然那时的孩子不识字，但已经具备了一定的读图能力，如果这时候家长能有意识地和孩子一起阅读绘本，营造温馨的环境，给孩子读文字，和孩子一起看图讲故事，那孩子从刚开始接触到的就是高水准的图与文，他将在听故事中品味绘画艺术，将在欣赏图画中认识文字、理解文学。比起那些一闪而过、只带来一时快感的快餐文化，欣赏绘本无疑是一种让眼睛享受，让心灵愉悦，让精神提升的美妙体验。

既然如此，我就把绘本带进课堂，大方地、有滋有味地读。我下载了《花婆婆》《活了一百万次的猫》《爷爷一定有办法》《小房子》《会爬的小豆子》《爱心树》《城里最漂亮的巨人》《雨靴里的麻雀》《大脚丫跳芭蕾》《点》等绘本，通过多媒体课件播放，带领学生一起看图画，读文字。记得为学生播放的第一个故事是《活了一百万次的猫》，那只水墨画的虎斑猫一下子引起了学生的兴趣，他们目不转睛地盯着屏幕，看得非常认真，听得十分入迷，读得十分带劲，一节课下来，就连平时看书坐不住的学生也坚持到了最后。读到最后，好多学生都哭了，我问他们为什么哭，有的学生说觉得那只猫死了真可惜，有的学生说那只猫与白猫之间的爱情真感人，有的学生说为什么白猫就不能和虎斑猫一起永久的生活？学生们的表达虽然稚嫩，但他们却不约而同地理解了这个故事，与这个故事产生了共鸣。两天后，班里有几个学生挥舞着崭新的绘本《活了一百万次的猫》自豪地告诉我："老师，我刚买的。爸爸妈妈都说好看！"后来的几天，一看到我走进教室，学生都会问："老师，今天给我们带来了什么故事？"感受到学生接受了师生同读绘本故事这种形式并开始喜欢上绘本阅读，让我感到很欣慰。接下来的9个绘本故事让我和学生度过了一个快乐的复习阶段。

二、同读绘本，体验猜想的乐趣

何为"猜想"？《现代汉语词典》极其简明地释义为"猜测"，即"凭想象估计"，它是一种建立在事实或已有经验基础上的合理推测。猜想一般用于数学方面，数学家们会针对不知其真假的数学叙述进行猜想，如我们熟知的哥德巴赫猜想等，一旦猜想被证明后，这些数学叙述便会成为定理。猜想也常常被用于语文阅读教学中，它是一种建立在事实或已有经验基础上的对文本进行合理性推测的阅读方式。

与学生同读绘本故事，就经常要用到猜想。比如，绘本《爷爷一定有办法》一书，随着"'嗯……'爷爷拿起剪刀开始咔嚓、咔嚓地剪，再用针飞快地缝进、缝出。爷爷说：'这块料子还够做……'"这段话在故事中的反复出现，一张婴儿用过的小毯子，在爷爷的巧手下都分别变成了什么呢？学生怀着好奇一边听，一边想，一边议论，虽然学生的答案五花八门，各不相同，有的答案还会让人忍俊不禁，比如小毯子变成了小桌布、小地毯等，又如小背心变成了皮带、鞋带等，我和学生一边读，一边猜，一边笑，乐翻了。学生在师生同读的过程中轻而易举地理解了这个绘本故事：事物不是一成不变的，只要肯动脑筋，一件事物可以有多种变化。更重要的是学生深刻体验了阅读猜想的乐趣。很多学生在课后与我交流"这个故事真不错，让我们猜猜猜，猜个不停"。"老师还有这样的故事吗"？"语文书上的课文可不可以也这样猜着读啊"？我笑着告诉学生："当然可以，不但绘本故事可以猜着读，语文课文也可以猜着读，其他的文学作品都可以猜着读！"是的，在阅读中引用适度的猜想，可以充分地激发学生的阅读渴望，让学生在猜想中体验阅读的乐趣。

三、同读绘本，体验创作的乐趣

2011版新课程标准中明确指出："语文课程是学生学习运用祖国语言文字的课程，学习资源和实践机会无处不在，无时不有。因而，应该让学生多读多写，日积月累，在大量的语文实践中体会、把握运用语文的规律。"阅读绘本故事同样是一种语文实践活动。

例如，我与学生同读绘本《小房子》，这是一则关于环保的小故事。故事中位于乡下的一座坚固的小房子，亲身经历了城市化带来的巨变和负面影响以及日益严峻的环保问题，最后在孙辈继承人的努力下，重新搬回了乡村。故事中精美的配图，优美的文字深深吸引了学生，当看到周围的楼房越来越高，小房子蜗居在城市中心，视线越来越窄，甚至看不见深邃的夜空和闪烁的星星时，教室里响起一片唏嘘声。教师何不利用好这唏嘘声，让学生把故事创作下去呢？于是我让学生对故事进行再创作：小房子能否在乡村长久地快乐下去呢？你愿意给它一个怎样的结局？这两个问题激起了学生创作的欲望，纷纷讨论开来。学生一共讨论了三种结局：结局一，小房子的继承者抵住了所有的诱惑，坚决地保住了村庄的原貌，成了世界上保留最好的村庄，小房子也成了世界上最幸福的小房子；结局二，小房子的继承者为了金钱和利益，违背了祖训，卖掉了小房子，小房子结局凄惨；结局三，小房子在村庄生活了很多年，直到有一天，因为年久失修，小房子倒了，但继承人在原地又建造了一座坚固的砖瓦小房子，样子与原来的小房子差不多。学生在创作的过程中，看不到一丝的犹豫，很多学生越说越兴奋，我想这就是他们体验到的一种乐趣，一种来自于创作的乐趣。虽然他们创作的故事结局，文字部分还显得十分稚嫩，却很有创意。

同读绘本，师生可以围绕故事情节展开，进行二度创作，三度创作。这让我想起了《语文课程标准》提到的，开设语文课程是要让学生学会"运用"或者说"驾驭"语言文字这种工具，是要通过运用语言文字的范例和实践，学习如何在生活中、在本课程和其他课程的学习中以及将来在各种不同工作领域里，运用好语言文字。

同读绘本故事的初衷，是想激发学生的阅读兴趣，我想我做到了。看着那一个月里学生天天期待的目光，我心里十分舒坦。语文教学，不仅仅是要教书本里的字、词、句、段、篇，更重要的是教会学生想读书、会读书、乐读书。短短一个月，我与学生同读了十个绘本故事，收获的却不仅仅是十份感悟，更多的是学生对阅读的期待，对阅读的喜爱和追求。在那期间，我也收到了很多家长发来的短信，如"谢谢老师给孩子推荐了这么好的故事，孩子回来讲得头头是道"之类的。还有很多家长主动要求我把这些故事发到班级邮箱中，以便亲子阅读。更让人惊喜的是暑假回来，在一次班级读书交流课上，我意外地发现学生阅读的书目在渐渐增加，其中不乏《昆虫记》《爱德华的奇妙之旅》《木偶奇遇记》《尼尔斯骑鹅旅行记》等经典文学读本，这让我深感安慰。

朱永新老师在《阅读改变我们的一切》中这样写道："没有阅读就不可能有个体的心灵成长，就不可能有精神的发育，阅读不能改变人生的长度，因为人的生命长度有基因、保健各种元素，但可以改变人生的宽度和厚度。阅读不能改变我们的长相，但可以改变人的品位和气象。有些人相貌普普通通，但是'听君一席话，胜读十年书'，你觉得他很厚重，他可以给你很多智慧。人的相貌基于遗传无法改变，但是人的精神可以通过阅读而从容气象万千。人的阅读，对个体的精神成长是非常重要的。"

我希望在自己的不断尝试下，我的学生能真正实现从"阅读"到"悦读"的跨越！当然，我更希望学生不但爱读绘本，还会创作绘本。

原载《广东教学》2014 年总第 2232 期

通过阅读测评的改革反思小学语文的课改十年

一转眼，我国基础教育新课程改革已走过了十个年头。在这十年里，无论是教材，还是评价方式；无论是教师的教学观念、教学行为、角色定位，还是学生的学习方式、角色定位，都发生了很大的改变。回顾十年课改历程，我把目光聚焦于本地小学阅读测评的改革，想通过这个话题谈谈自己对十年课改的一些心得和反思。

一、测评形式的改变，折射出教学观念的转变

一直以来，我们的语文测评方法主要采取笔试的形式，在笔试试卷中，阅读部分所占的比例一般为15%~30%，尤其在课改之前，一份语文试卷中阅读部分所占的比例一般不超过25%，主要考查学生中心思想的概括，分段以及段意的概括。例如，我校在1999年使用的小学六年级语文试卷中的阅读题。

阅读以下短文，回答问题。（短文略）

1. 将短文分成3段，写出每段的段意。（9分）

第一段_____—_____：_____

第二段_____—_____：_____

第三段_____—_____：_____

2. 词语解释（3分）

一叶障目：_____

不知不觉：_____

3. 这篇文章主要写了什么？表现作者怎样的思想感情？（6分）

从考查的题目来看，出题者关注的是学生分段、段意概括、词语解释以及对作者写作意图和文章表现的中心思想等方面，这样的题目，学生做起来费时、费力，也未必能真实地反映出学生的阅读水平。而类似的考题在课改前频

繁使用，因而直接导致教师在语文阅读教学中强调中心思想、段意的概括。教师教授一课书时往往先把课文割裂，分成若干段落，然后逐段分析，体会中心，最后回归整体，体会作者的写作意图。这样一来，学生需要花费大量时间去背诵、记忆这些经过整理的段意和中心思想，却忽略了对文本的赏析和记忆。久而久之，学生就害怕学语文，害怕做阅读题，因而成了大家对语文教学争议最大的诟病。

2001年，《语文课程标准（试行稿）》出台以后，在总目标中强调的阅读教学目标中最主要、最基本的是"初步理解"。因此，任何强求"深刻理解""独特感悟""一次性完成"阅读认知目标的阅读教学，都会给学生阅读制造这样或那样的障碍。所谓"初步理解"，即让学生通过学习，理解未知词句的意思（意义），理解文章的主要内容（从"初步把握主要内容""了解事件梗概"到"能抓住说明要点"），揣摩文章的表达顺序。如果学生拿到一篇文章能对这三方面有一定的了解，那么我们就可以说学生已经完成了阅读目标。根据这样的总目标，测评的形式也发生了改变，很多地方的语文测评试卷都进行了调整，比如我们学校在二年级上册语文单元测试题中出现了听力题，以考查学生听、记、理解以及写的能力。

听读短文，回答问题。

1. 短文中有＿＿＿＿＿和＿＿＿＿＿。

2. 这个故事发生在（春暖花开的季节、雪花纷飞的季节、黄叶落地的季节。）

3. 这个故事告诉我们＿＿＿＿＿是最好的礼物。

4. 请写出两个你喜欢的词语。

从这道题目来看，出题者考查的目的在于对学生进行听的训练以及评价学生对文章主要内容的把握和积累优美词语等三方面。这样的测评形式，向一线教师传达的信息非常明确：阅读教学要落实听、说、读、写方面，阅读教学要注意普适性，在一定程度上折射出新课改实施以后教师教学观念的转变。

二、测评题型的改变，折射出教学评价的转变

阅读能力的核心元素是理解。对于小学生来说，阅读一篇简单的记叙文只

要弄清楚"谁""哪个""何时""哪里""如何""怎么样"这几个问题就算是"基本理解"了。随着课改的深入，我们在测评的题型上也做了相应的改变，以我校去年三年级上册第五单元的测验卷的一道阅读题为例。

A. 认真阅读《赵州桥》片段，回答问题。（10分）

赵州桥非常雄伟。桥长五十多米，有九米多宽，中间行车马，两旁走人。这么长的桥，全部用石头砌成，下面没有桥墩，只有一个拱形的大桥洞，héng kuà（　　　）在三十七米多宽的河面上。大桥洞顶上的左右两边，还各有两个拱形的小桥洞。平时，河水从大桥洞流过，发大水的时候，河水还可以从四个小桥洞流过。这种shè jì（　　　），在建桥史上是一个chuàng jǔ（　　　），既减轻了流水对桥身的冲击力，使桥不容易被大水冲毁，又减轻了桥身的重量，节省了石料。

1. 根据拼音，在（　　　）里填写词语。（3分）

2. 这段话是围绕哪句话写的？请用"_____"画出来。（2分）

3. 这种设计是指怎样的设计？这样的设计好在哪里？请分别用"_____"和"_____"在文中画出来。（2分）

4. "拱形"中的"拱"的意思是（　　　）。（1分）

A. 拱手；B. 肩膀向上耸；C. 向外钻或顶；D. 建筑物上呈（chéng）弧（hú）形的结构，大多中间高两侧低。

5. 我想夸夸赵州桥：_____

_____（2分）

对于三年级的学生，出题者主要想考查以下几方面：

（1）对生字词的掌握，如题1和题4。

（2）对文章主要内容的把握，如题2。

（3）联系上下文理解词语句子的能力，如题3。

（4）对感兴趣的事物有自己的感受和想法，并乐于与人交流的能力，如题5。

这个片段在以往也经常出，在题型上出题者做了改动。以第2题为例，以往的考题以问答形式为主：这段话主要写了什么？学生在读完以后，就要尝试用自己的语言进行概括，完成答题，在评卷过程中，受制于答案的唯一化，很多学生未必能得满分。但出题者把它改为"这段话是围绕哪句话写的？请用

'＿＿＿'画出来"后，一方面降低了题目的难度，一方面又体现了年段的训练重点：学习略读，粗知文章大意。

又比如题4，以往的题目往往是给条横线，让学生用文字进行解释。但我们的学生对词语的理解往往是只可意会不可言传，因为他们在短时间内想不到用准确的词语进行解释，因此，在课改前，学生非常怕做这类题，既要组织文字，又不一定得满分，有点儿吃力不讨好的感觉。当出题者把题目换成选择题的时候，学生的感觉就好多了，他可以根据自己的理解，从几个义项中进行筛选。这样一来，既增强了试题的操作性，又减轻了学生测评的心理压力。

从这一道阅读题的题型和分值分布来看，它折射出课改中阅读教学评价观念的转变：在关注学生的学业成绩的基础上，侧重于发现和发展学生多方面的潜能，了解学生发展中的需求，帮助学生认识自我、建立自信，促进学生在原有水平上的发展。

三、测评体系的构建，折射出阅读习惯习得的过程

阅读能力不仅是学生语文素养的重要组成部分，更是学生在这个信息社会中参与社会生活的必备能力之一。学生的阅读能力发展水平也是学业评价的重头戏。在此，我们先参考国际学生评估项目、国际阅读素养进展研究项目、美国国家教育进步评价这三种在国际上有很大影响的学业能力评价体系。上述三大国际阅读评价体系都有非常系统、明确的评价框架设计，在测试内容的确定、测试材料的选择、评分标准的制定方面都有明确的规定。反观我们的阅读测评，长期以来，由于对标准化考试的追求，人们更多地关注客观题，例如用选择题的形式来进行测试。但是阅读能力测试本身的特点决定了单纯使用客观性试题难以很好地反映出学生的阅读水平，一定量的主观性试题是必不可少的。

因此，在课改实施之后，我们也在尝试进行阅读测评的体系构建。以中高年段为例，首先，我们建议阅读题的分数比例不能低于25%，最好是占30%。其次，阅读的文本最好有两篇，一篇来自课内，一篇来自课外，而且两篇文章的问题要有所不同，便于考查学生对不同文体的掌握。最后，阅读的测评要体现四性，即基础性——试题难易程度力求与"初步理解"相对应；普适性——淡化选拔，力求切合大多数学生的实际阅读水平；操作性——尽量采用常规题型，力戒偏题、怪题的出现，减轻学生测评的心理压力；科学性——力求目标

集中，题目简洁明了。

当有了这样一个比较明确的体系和要求，教师在阅读教学方面就能做到有的放矢，把阅读教学的关注点植根于学生阅读习惯习得的过程，植根于"生活化"的阅读。

以我校去年五年级上册第四单元的阅读题为例。

A. 阅读《落花生》选段，回答问题。（12分）

父亲说："花生的好处很多，有一样最可贵：它的果实埋在地里，不像桃子、石榴、苹果那样，把鲜红嫩绿的果实高高地挂在枝头上，使人一见就生爱慕之心。你们看它矮矮地长在地上，等到成熟了，也不能立刻分辨出来它有没有果实，必须挖出来才知道。"

我们都说是，母亲也点点头。

父亲接下去说："所以你们要像花生，它虽然不好看，可是很有用。"

我说："人要做有用的人，不要做只讲体面，而对别人没有好处的人。"

父亲说："这是我对你们的希望。"

1. "榴"字用音序查字法应查____，用部首查字法应查____部。（1分）

2. 在文段中找出两组反义词。（2分）

（　　　）——（　　　）　　（　　　）——（　　　）

3. 用文段中"爱慕"这个词语造句。（2分）

_____。

4. 请把文中画直线的句子改为反问句。（3分）

_____。

5. 作者在听了父亲对花生品格的议论之后受到的感悟是：_____

_____。（4分）

B. 阅读短文，回答下面问题。（18分）

在我家的小院里，种着两种花——牵牛花和郁春棒，这是两种品格不同的花。牵牛花一向是把根埋在土里，依靠葡萄架向上爬，它纤细的身体那样柔弱，仿佛一阵风就能吹倒似的。而郁春棒总是把根深深地扎在土壤里，依靠自己吸收的养料，在狂风暴雨的侵袭下顽强地生长着。

春暖花开的季节，牵牛花开出一朵朵色彩艳丽的花。它躺在毛茸茸的叶子上，吹着喇叭，炫耀着自己的美貌。在又大又圆的绿叶上，郁春棒也开出一朵朵水灵灵的白花。白花绿叶，格外淡雅，但它并没有为此而飘飘然，而是默默地散发出浓郁的芳香。

一进入秋天，牵牛花早已枯黄的叶子纷纷落下，花茎也渐渐枯萎，最后结出几粒干瘪的种子就死了。郁春棒也脱去翠绿的外衣，只留下几根一寸长的茎露出干燥的地面，待到和煦的春风再度吹拂大地，就又破土萌发。

在社会上，有的人肤浅（　　　），有的人扎实（　　　）。有的人取得一点儿成绩就居功自傲，有的人默默无闻地为大家做了许多好事而从不（　　　）。有的人遇到困难就心灰意冷，有的人无论遇到什么挫折都毫不畏惧，对未来充满信心。这是两种截然不同的人。

花没有思维，它只能按自己的本性生存于世。人是有思想、有头脑的，能自己决定怎样做人。

1. 请给本文加上一个标题《　　　》。（3分）

2. 文中括号内依次应填入的词语应为（　　　）。（2分）

① 虚弱　　顽强　　夸奖

② 软弱　　坚强　　夸耀

③ 柔弱　　刚强　　炫耀

3. 按意思写出文中的四字词语。（4分）

① 认为某件事情的成功是由于自己的力量。（　　　）

② 灰心丧气，意志消沉。（　　　）

4. 朗读下面一句话时，下面三种读法，停顿较正确的一种是（　　　）。（2分）

A. 有的人/无论遇到/什么挫折/都毫不畏惧。

B. 有的/人无论遇到什么挫折/都毫不畏惧。

C. 有的人/无论遇到什么/挫折/都毫不畏惧。

5. 用简短的几句话概括这篇短文讲了什么。（3分）

_____

_____。

6. 在春暖开花的季节，郁春棒开的花是什么样子的？细读文段，找出有关的句子，用直线画出来。（2分）

7. 认真读短文，体会到短文表达了作者怎样的思想感情？（2分）

_____

在这道阅读题中，总分共30分，占了整份试卷的30%，题A选自教材，着重考查的是学生对基础知识的掌握，共12分，占了40%；题B选自课外，着重于阅读能力的考查，共18分，占了60%。从分数比例来看，出题者侧重于阅读能力的考查，尤其是课外阅读。这是在提醒学生阅读不仅仅局限于课内，还应关注课外阅读。但同时，我们也发现在这份阅读测评中存在着几处不合理的地方：字词考查总分9分，占了30%；主观题的总分5分，只占了16.7%，而且题目的考查目标也偏离了阅读的核心能力要素，明显不太合理。

阅读教学是语文教学的核心。阅读测评则是反映阅读教学改革成效的一扇窗。课改十年，我们通过阅读测评这扇窗看到了教师们教学观念的转变、教学评价的转变以及阅读习惯习得的过程，也让我们有了更多的思考，尤其是如何完善阅读测评体系，更好地体现学生阅读习惯习得的过程，值得我们大家思考和实践。

他山之石，可以攻玉

——浅谈跨学科听课对小学语文教学的影响

"减负增效"，顾名思义即减轻负担，提高效率。小学语文课堂教学一直背负着"少、慢、差、费"的骂名，为甩掉它，教育专家们做过各种尝试：研究新的教学方法、摸索新的教学模式、推行新的课程标准等，目的就是想为语文教学"减负增效"，变"少、慢、差、费"为"多、快、好、省"。

记得以前在十五小工作期间，张建明校长就提倡跨学科听课，鼓励学校教师打破学科界限，多一些跨学科听课。我在尝试一段时间之后，发现不同学科的教师在长期的教学实践中，形成了一整套独特的教学方法，通过听课，不同学科间的教师可以互相借鉴好的教学方法，取他科之"石"，攻本科之"玉"，更好地为自己的教学服务。

一、跨学科听课，促生了多视角的教学设计

2013年11月，我在台湾的学校参观期间，听了两节社会课，印象深刻的是一节六年级的社会课，主题是探讨社会进步了，家庭角色的转变。我很认真地听这节课，发现教师讲课时间只用了15分钟，在这15分钟里，教师引导学生阅读教材，分享收集到的资料，探讨社会发展给城市带来的变化。接下来的25分钟用于学生分组进行表演，主题是城市发展了，家庭成员的角色该如何定位？在那25分钟里，教师都是安静地站在讲台边上，与座位上的学生一起观看各个小组的表演，只是每一个小组表演结束后，教师会就刚才的表演质疑，比如，妈妈要外出工作，回家后就想休息，奶奶因此看不惯妈妈，指责妈妈，你对这件事有什么看法……每一次的讨论，学生的参与度都很高。这节课给我的印象很深，不仅仅是因为学生的主动参与，我更欣赏的是教师的角色定位。

《语文课程标准》强调学生是学习的主体，教师要起主导作用。这种师生

关系在这节课里体现得淋漓尽致。这所小学设有专职的社会课教师，给我们上课的是一位参加工作仅两年的青年男教师。从课堂结构来看，教师采用的是问题聚焦法，将教学内容聚焦到一个个问题中，使学生有的放矢。这样一来，教师教得轻松，学生也学得轻松。

听完课后，我想：社会课可以这样上，语文课为什么就不可以这样上？语文课为什么就一定要讲段落，讲篇章结构？语文教师为什么就那么忙碌？语文课堂为什么不可以采用这种问题聚焦法，以问题作为驱动，调动学生的学习积极性和课堂参与度，这不就解决了教师主导和学生主体的关系了吗？

在之后的教学中，我也下意识地在语文课堂上尝试问题聚焦法。比如刚教完的五年级语文第三单元，整组课文都是说明性文章，学习的要点就是"要抓住课文的要点，了解基本的说明方法，并试着加以运用"。考虑到学生比较容易把握这组课文的要点，所以我将整组课文进行了整合，将问题聚焦于一点：课文使用了哪些说明方法，请举例说明。于是，我在教学了《鲸》一课后，设计了一份学习单，以辨析说明方法为问题导向，融合园地的口语交际、交流平台，供学生自学。这样一来，既有效地整合了单元的学习内容，又落实了教学难点。原本需要8个课时的教学内容，我用4个课时就解决了，大大提高了教学效率。（附学习单）

1. 请认真阅读《松鼠》一课，比较两课在表达上的异同。

课文	说明角度	说明方法（附上例句）	说明语言
《鲸》			
《松鼠》			

2. 经过比较《鲸》和《松鼠》的写作方法，请总结出介绍动物的方法。

动物名称：	
说明角度	

3. 请阅读《新型玻璃》一文，完成以下表格。

新型玻璃名称	特点	用途	说明方法

4. 如果你是一名推销员，你想推销哪种玻璃？请借助以下的文字，尝试推销。

大家好！我是_____。今天，我要向大家推销的产品是_____，这种玻璃_____。

5. 如果你是一名设计师，你还想设计怎样的新型玻璃？请把你的设想填进表里。

21世纪新型玻璃设计方案

产品名称			
特点与用途			
设计人		设计日期	

6. 请阅读《假如没有灰尘》一课，完成下表。

灰尘的特点	灰尘的作用	使用的说明方法

7. 请认真阅读本组课文，尝试进行知识整理。

说明的方法	课文中的例子	习作或课外书中的例子
举例子		
列数字		
做比较		
打比方		
……		

以上这份学习单，并没有给学生的学习带来困扰，反而激发了学生的自学积极性和团队合作意识，课堂上以讨论为主，课后作业也呈现多元化。

二、跨学科听课，促成多渠道的资源共享

俗话说"姑娘讲绣花，秀才讲文章"。尽管学科不同，但我们深入课堂，仍能看出一些门道。语文课堂上，我们经常看到科任教师为了指导学生完成一篇以"观察实验"为内容的习作而笨手笨脚地操作着实验仪器；科学课上，科学教师为了让学生准确地把实验过程和实验结果记录下来，以完成一份简单的实验报告而绞尽脑汁，但仍觉力不从心。我们听过课的教师就会感叹：为什么两位老师之间不沟通衔接呢？如果有了沟通和衔接，不是就可以省事很多吗？感叹之余，也让我们发现导致这种情况的原因是学科间的"各自为政""闭门造车"。而跨学科听课则有助于促进教师间的相互交流，有助于教学内容的综合开发，有助于萌发较多的学科间的相互合作的设想和行动，形成优势互补，最大限度地开发教育资源和优化教育教学机制。

例如，前两年我听过的一节科学课《麻雀和蜻蜓》，这是一个常识性的内容，教师通过图片、标本、课件、视频等媒介，引导学生通过观察、比较，发现两者之间的异同，从而弄清鸟类与昆虫的概念。试想想，这样一节课，上课老师需要准备多少教学资源？如果不是因为恰巧听了这节课，我们可能不知道学校竟有如此之多的教学资源，而这些资源中有些也可以移植到语文课堂中。又如，我去年年底在澳大利亚一所小学听过的一节二年级的科学课，上课的内容是要学生通过实验知道我们可以根据物体的大小选择不同的筛子，并在课堂上进行实验结果的记录和实验结论的撰写。这节课，教师采用的教具都来自自家的厨房：筛子、蛋糕粉、爆谷、砂糖，学生在分组活动中，一边做实验，一边记录实验结果，那一份份图文并茂的实验记录，就是我们语文老师指导观察报告和实验报告最需要的素材和资源。"独学而无友，则孤陋而寡闻"。跨学科听课，让我们发现了资源共享的平台，也让我们想到了跨学科教研的可行性。不同的学科教材中，有不少内容互相联系，通过听课，将这些内容与本学科联系起来，有利于学科知识的整合；不同的学科教学中，针对相关的内容，教法各有不同，通过比较、借鉴，有利于改善课堂教学效果，提高课堂教学效率；不同的学科教学中，针对相关的教学内容，教学的侧重点各有不同，通过

梳理、提炼，有利于形成新的教学研究课题。

三、跨学科听课，促进多内涵的专业发展

跨学科听课、评课，促使教师变换角度看问题，发现了全新的教育景观，并有效地激活了教师的教学新思维。学科间本来就相通相融，相得益彰，跨学科听课的实施，让语文教师接触到了更加精彩的课堂教学文化、不同的教学模式、不同的教学风格。同时，在评议交流中，跨学科听课、评课能够激起各学科教师的认知冲突，使语文教师的教学反思更加多元、更加专业、更加深刻。

这几年，我听了许多语文课以外的课，从听课中我发现：体育教师除了阳刚帅气，上起课来也很讲究设计的完整性，力求教学流程环环相扣，使学生既锻炼了身体，又学到了技巧；数学教师并非"老学究"，数学课堂除了逻辑性很强以外，一样可以充满笑声；英语教师非常活泼，同样是文科，英语课堂就明显比语文课堂活跃；音乐教师除了会唱、会弹、会跳，讲起故事来一样动听；美术教师并非都那么"不羁""洒脱"，美术课堂的资讯也非常丰富……原来并非语文教师就需要读、写、说、练，其他学科的教师同样具备这样的素养，像我们学校，好几位体育教师的硬笔书法就比语文教师好！看来，语文教师光会读书、说教还不行，还必须有一两样拿得出手的绝活儿，要不，自己的语文课就远远不及其他学科的教师的课了。这让我想起在澳洲考察的时候了解到的教师资格的取得。在澳洲，考取教师资格证的人士必须熟悉2～3门以上的学科教学，要不然是拿不到我们所说的教师资格证的。当时觉得这样的要求"好高"，但现在想起来，我们也有这样的必要，专科专学，在小学来讲并不合适。一个教师，能熟练掌握2～3门学科，那么这个教师就必然熟悉学科之间的联系，备起课来就自然会考虑多一些，教法自然就会多变一些，自然也就丰富了教师的个人素养和内涵。

记得我去年在新兴实验小学送教的《临死前的严监生》一课，在我之前，已有很多人上过这节课，正所谓"珠玉在前"，要想上出新意，好像不太容易。设计教学时，我想起了我们学校美术教师上过的《字的艺术》，教师启发学生运用学过的美术技巧，把中国文字进行美化，使其呈现艺术特色。这个设计启发了我。作为人物学习单元，除了用文字描绘人物，是不是可以尝试用漫画和表演的形式来再现呢？于是，我把再现人物形象放进了课堂，把人物漫画

设计放到了课外。学生有了之前的文字品读，心理揣摩，在现场表演环节很是传神和精彩，课外的任务设计也相当不错，唯一不足的是我考虑不周，选角的时候挑选了一个身材肥胖的孩子，这与角色形象相悖。

新课程改革至今已有十多个年头，本次改革要构建的是符合素质教育要求的新课程体系，绝不仅是教材内容的增删，也不是对教学方法和教学组织形式的修补，它是从课程观念、课程结构到课程实践的深刻变革。教师在这个过程中要面临一次大的洗脑，要更新观念，扮演好自己的角色，要提高自身素质，以应对这场挑战。作为语文教师，走出语文课堂，初尝跨学科听课带来的好处，相信长久下去，好处绝不止于此。清代江藩在《汉学师承记·惠周惕》中有云："精覃三十年，引申触类，始得贯通其旨。"习近平主席在出席纪念孔子诞辰2565周年国际学术研讨会暨国际儒学联合会第五届会员大会开幕式时说："进行文明相互学习借鉴，要坚持从本国本民族实际出发，坚持取长补短、择善而从，讲求兼收并蓄，但兼收并蓄不是囫囵吞枣、莫衷一是，而是要去粗取精、去伪存真。"我想既然各国之间的文明互融都讲求"兼收并蓄"，我们学科间的互学互融，不是更应该"兼收并蓄""推陈出新"吗？

原载《教育》（教学科研）2017年4月第52页

聚焦语用重拓展，关注素养显能力

中国学生发展核心素养以培养"全面发展的人"为核心，分为文化基础、自主发展、社会参与三个方面，综合表现为人文底蕴、科学精神、学会学习、健康生活、责任担当、实践创新六大素养，具体细化为国家认同等十八个基本要点。

《语文课程标准》中对语文基本素养是这么表述的："语文课程应激发和培育学生热爱祖国语文的思想感情，引导学生丰富语言积累，培养语感，发展思维，初步掌握学习语文的基本方法，养成良好的学习习惯，具有适应实际生活需要的识字写字能力、阅读能力、写作能力、口语交际能力，正确运用祖国语言文字。语文课程还应通过优秀文化的熏陶感染，促进学生和谐发展，使他们提高思想道德修养和审美情趣，逐步形成良好的个性和健全的人格。

结合中国学生发展核心素养的三大方面、六大素养、十八个基本要点，小学阶段重点要关注的有四个方面的内容：一是语言文字的运用与积累；二是人文情怀的培育；三是学习方法的引领；四是学习习惯的培养。

在近几年的语文教学中，我尝试聚焦语用，侧重拓展，有如下三点做法。

一、聚焦语用，拓展词语，指向理解积累的培养

语文课本中每篇课文的学习价值主要体现在三个方面：一是文化价值，比如让学生认识贝多芬，知道圆明园是怎样毁灭的，等等；二是语文知识、方法学习和技能训练，通过课文实例让学生认识如何遣词造句，学习阅读、写作方法；三是语言材料积累，包括生字、词语、句子的积累，通过大量规范的书面语言材料的输入，丰富学生的词语搭配、词与句组织等语感经验。这是上海师范大学吴忠豪教授在点评"2014全国小学语文青年教师教学观摩活动"中所提到的。如何通过课文实例让学生学会遣词造句，积累语言材料，丰富学生的语感经验呢？我在《揠苗助长》的教学中做了以下尝试。

片段一：

> 2. 刚刚在读的过程中，老师发现有两句话同学们读得比较吃力，谁想挑战一下困难？（个别读）
>
> ① 他在田边焦急地转来转去，自言自语地说："我得想个办法帮它们长。"
>
> ② 他回到家中，一边喘气一边说："今天可把我累坏了！力气总算没有白费，禾苗长高了一大截。"
>
> 3. 出示生字，认读、理解。相机引导学生积累ABAC结构的词语。
>
> 4. 顺势示范"焦、费、望、算"的书写，指导学生写好生字。（身子坐正、双脚平放、牢记三个"一"，用心写好字）
>
> 5. 生字掌握好了，老师相信句子能读得更好了，谁来展示一下？
>
> 6. 我们把句子放进课文中，请4个同学接力把课文读一遍。其他同学要继续思考刚才的问题：为什么？怎么样？结果如何？

在这个教学片段中，我从具体的语言环境入手进行生字教学，再从中抽出来解决音、形、义，同时引导学生积累ABAC结构（自言自语）的四字词语。这样的过程使得生字的识记不枯燥。

片段二：

> 展开想象，说说那个人的想法。学生的说法可以不尽相同，但不能偏离课文的原意。
>
> 1. 尽管辛苦，在那个人看来却是十分值得，因为什么？指导朗读第三自然段。（配着动作读）
>
> 2. 朗读中相机指导学生理解"白费"一词中"白"的意思，并通过具体的语境了解"白"字的其他用法：表示颜色——白色；表示空的，没有加上其他东西的——白纸；表示纯洁——洁白；表示清楚——明白。

在这个教学片段中，体现的是本课时的另一个词语训练点。通过理解"白费"一词，带出"白吃饭、白看书、白学了"等词语，继而通过具体的解释，让学生组词，这样既可以让学生学习到的词语丰满、实在，又可以让学生初步接触中国文字一词多义的特点，为接下来园地七相关内容的学习做好铺垫。

以上这两个片段的教学，是在正常的教学环节中进行的词语拓展练习，我的目的很明确，就是要通过这样的教学让学生将学到的词语进行运用，并在运用中进一步理解词语的意思并进行积累。

二、聚焦语用，拓展阅读，指向阅读能力的培养

文本阅读占据着语文课堂的绝大部分时间。福建师范大学文学院孙绍振教授在《解读语文》的《序：读者主体和文本主体的深度同化与调节》一文中，从根源上、哲学上、深层的思维模式上对现行的阅读低效和无效的现象提出了以下的反思："一是阅读教学中看出了文本还是看见了自己；二是阅读过程中的三个主题和文本结构的三个层次；三是读出文本结构深层的文化密码来；四是读出作者驾驭文体形式的才华；五是在比较中显出人格与风格的精彩，并最终得出结论：阅读本来并不神秘，不外乎读者主体与文本主体以及作者主体之间的从表层到深层的同化与调节。"

孙绍振教授提到的"读者主体与文本主体以及作者主体之间的从表层到深层的同化与调节"与美国莫提默·J·艾德勒和查尔斯·范多伦提出的阅读有四个层次"第一层次：基础阅读；第二层次：检视阅读；第三层次：分析阅读；第四层次：主题阅读"的观点不谋而合。

针对孙绍振教授的观点，对比《如何阅读一本书》中提到的四个阅读层次，我不断反思、不断尝试。

例如，我在教学《十六年前的回忆》一课时，考虑到学生对主人公了解得不多，学生不容易通过朗读和阅读在脑海中塑造出一个血肉丰满的"好战士、好父亲、好丈夫"的形象，为此，在教学初始，我先为学生拓展了一篇题为《豪杰之士，肝胆照人》的短文。我的目的很明确，就是想让学生通过阅读，了解"文中介绍了李大钊的哪两件事？说说你对'豪杰之士，肝胆照人'这句话的理解"。

"我们的头脑是个惊人的工具，可以在'一瞥'之间掌握住一个句子或段落——只要眼睛能提供足够的资讯"。[①]六年级的学生具有一定的阅读速度，这篇不足400字的短文，学生阅读起来毫不费劲，两分钟不到的时间里，学生就对李大钊有了如下的认识：李大钊是中国共产党的创始人之一，他的一生就是

---

① [美]莫提默·J·艾德勒，查尔斯·范多伦.如何阅读一本书[M].郝明义，朱衣译.北京：商务印书馆，2014：38.

为劳苦大众的解放而奋斗的。有了这样的认识，学生再去阅读《十六年前的回忆》一文，就很容易通过人物的语言、神态揣摩人物的心理，也就很容易理解作者李星华撰写这篇回忆录所表达的深深的怀念，这样一来，李大钊"革命的好战士、孩子的好父亲、妻子的好丈夫"的形象跃然纸上，深深地刻进学生的脑海里。

又如二、三年级的寓言故事和成语故事教学，我也会在课堂上进行类文拓展。在教三年级的《惊弓之鸟》一课时，考虑到学生已经有过寓言故事和成语故事的学习经验，在教学中，我就着重引导学生抓住"起因、经过、结果"三部分了解故事梗概，分析喻义，之后让学生阅读《杯弓蛇影》这个成语故事，要求学生边阅读边厘清故事的起因、经过和结果，并比较《杯弓蛇影》《惊弓之鸟》之间的相似之处，这样一来，语文课堂的容量增大了，学生又能将学到的阅读方法进行迁移和运用。学生的探究精神就是在这些比较中不断培养起来的。

《杯弓蛇影》阅读单	
起因	
经过	
结果	
喻义	
与《惊弓之鸟》相似之处	

通过类似的拓展阅读，逐步让学生懂得如何让一篇文章真正属于自己，如何在书本上做笔记，从而培养学生的阅读习惯。

再如教学六年级《北京的春节》一课，老舍先生的白描手法让人读时感觉如沐春风、亲切自然，而同样是写"春节"，不同的人有不同的印象，除了教科书上阅读链接推荐的梁实秋的《过年》片段，斯妤的《除夕》片段以外，我还为学生带来了丰子恺先生的《过年》和《新年怀旧》两篇文章，让学生通过阅读进行对比：不同的人，在不同的境遇中对于"年"的印象是什么？学生在阅读比较中既进行了人文积淀，丰富了对"年"的认识，又在不同的文章中进行阅读比较，对各个作家的文笔进行审美比较。

作家笔下的"年味"			
篇目	作者	作者眼中的"年味"	我留恋的"年味"
《北京的春节》	老舍		
《过年》节选	梁实秋		
《除夕》节选	斯妤		
《过年》《新年怀旧》	丰子恺		
《元日》	王安石		

再比如在四年级古诗《黄鹤楼送孟浩然之广陵》的教学中，针对"烟花三月"，我不但进行了图片拓展，给予学生直观、形象的感受，还将收集到的六位文人对"烟花三月"的描述拓展给学生，使学生在40分钟的语文课上学到的不仅仅局限于教科书上的选文。

烟花三月

❖ 千里莺啼绿映红，水村山郭酒旗风。

❖ 日出江花红胜火，春来江水绿如蓝。

❖ 人间四月芳菲尽，山寺桃花始盛开。

❖ 飘摇翠竹薄，掩映红襦明。兰麝远不散，管弦闲自清。

❖ 春风春雨花经眼，江北江南水拍天。

❖ 阳春二三月，草与水同色。

在上面两个教学片段中，教师的"拓展"又一次聚焦于语言的积累和运用方面，通过一系列相似的文本，使学生在比较阅读的活动中，提升阅读素养，积淀人文底蕴，培养探究精神。

阅读教学中，恰到好处的拓展能起到引导学生仔细咀嚼语言，披文入境，体验情感，完成由语言到情理的消化吸收；通过分析和比较阅读能引导学生跳出课文，以旁观者的身份思考作者是如何表达情感的；通过这样的思考，旨在教学生语文学习不仅要关注文本"写了什么"，更要关注文本是"怎样写的"和"为什么这样写"，从而使学生在这个过程中发现语言的密码，感受语言的魅力，从而完成从情感到语言的消化吸收，习得表情达意的功能，进而欣赏语言中寄予的情感与意趣，促进学生语言和精神同构共生，语文素养和精神涵养共同发展。

三、聚焦语用，拓展实践，指向表达能力的培养

学习语文知识的目的是为了能够正确地理解和运用祖国语言文字，形成良好的语文素养。语文知识学习的根本途径只有一条，那就是语文实践。只有通过学生主动、积极、丰富多彩的语文实践（听、说、读、写），学生才能真正建构起语文知识结构。

在教学三年级《检阅》一课时，为了让学生更好地体会博莱克付出的努力，我设计了这样一组拓展实践。

> 博莱克一个人在操场上练习。摔倒了，
> 他_____；再摔倒，他_____。膝盖流血
> 了，他_____；脚肿得连鞋也穿不下
> 了，他仍然_____。

这组拓展实践旨在引导学生想象博莱克在不同的时间、不同的天气情况下努力训练的画面。句式的重复可以让学生更好地体会人物形象，也有利于学生从不同的语言中积累词句。

在《揠苗助长》的教学设计中，也有类似的教学片段。

---

4. 创设情境，师生接龙：

他这样一棵一棵地往高里拔，忙了半个小时就觉得有点儿头昏脑涨，可是他一想：_____，就继续忙开了。

中午的太阳火辣辣的，这个人忙得满头大汗，却不愿停下来擦一擦，因为他在想：_____。

太阳快下山了，那个人面朝黄土背朝天地忙碌了大半天，累得不得了，但只要一想到_____，就咬咬牙继续干下去。

就这样，那个人从早上忙到太阳下山，直累得筋疲力尽。什么叫"筋疲力尽"？你在什么时候有这种感觉？你还见过谁筋疲力尽过？如此看来，这个人这一天真的是非常辛苦。

我们都知道，语文课要落实听、说、读、写的训练。这个寓言故事浅显易懂，要引导学生品读词句的地方不多。但此处的这个创设情境、师生接龙，就

训练了学生想象和语言表达的能力，让学生联系课文，在创设的情境中展开想象，说说那个人的想法。学生的说法可以不尽相同，但不能偏离课文的原意。

在《检阅》一课教学中，为引导学生感受博莱克接受检阅时的自豪和骄傲，我设计了以下拓展实践。

> 博莱克＿＿＿地站在队伍的第一排。
> **他肯定**忘记自己在拄拐，他同全队保持一致，目视右方，睁着大眼睛望着检阅台。

学生可以在横线上补充不同的词语，从双音节词到三音节词再到四字词语和成语，学生要调用自己的词语储备完成句式练习，既训练了表达的准确性，又训练了朗读。

在古诗的教学中，我也尝试过这样的拓展实践，比如教《黄鹤楼送孟浩然之广陵》，我就为学生创设了三种情境，引导学生进行语言实践。

> 根据提示，想象练说：
> 孟浩然乘坐的小船慢慢驶出了码头，李白＿＿＿＿＿＿＿＿＿＿；
> 小船越驶越远，隐约间只能看到一点儿白色的帆影，可李白仍不肯离开，＿＿＿＿＿＿＿＿＿＿；
> 渐渐的，那点儿白色帆影也消失在碧空尽头了，可李白依然不愿离开，＿＿＿＿＿＿＿＿＿＿。

在古文教学中，同样也可以进行类似的拓展实践，例如，在《学弈》的教学中引导学生想象"一人虽听之，一心以为有鸿鹄将至，思援弓缴而射之"的情境，并用生动的语言把那个人想象的内容写下来；又如《杨氏之子》中关于杨氏子的妙语回答，可以引导学生想象拜访的人是其他姓氏的话，杨氏子又该如何作答？并试着用文字写下来等。这些基于语用的拓展实践，在课堂上得以落实，就保证了学生一课一得，对学生语言表达能力的提高有很大的帮助。

拓展实践的训练不仅仅局限于词、句、段的练习，还可以是篇的练习。

四年级下册的第一单元都是写景的文章，学生学习了这组课文就会学到景物描写的方法。为了更好地检查学生的学习效果和写作方法的运用，我给学生布置的拓展实践是根据所学的课文完成一份导游词。这次的拓展实践意图明显：在读懂课文的基础上，对课文内容进行筛选，有选择、有重点地安排导游路线，形成一份语言生动的导游词。

《语文课程标准》指出："语文是实践性很强的课程，应着重培养学生的语文实践能力，而培养这种能力的主要途径也应是语文实践，不宜刻意追求语文知识的系统和完整。语文又是母语教育课程，学习资源和实践机会无处不在，无时不有。因而，应该让学生更多地直接接触语文材料，在大量的语文实践中掌握运用语文的规律。"

对于这样一门实践性很强的课程，教师就应该在教学中聚焦语用，多角度、多层面地拓展的同时，培养学生的语文素养，凸显学生的语文能力。

原载《教育》（教学科研）2018年6月第84页

参考文献

［1］教育部.中国学生发展核心素养解读［S］.北京：北京师范大学出版社，2016.

［2］钱理群，孙绍，王富仁.解读语文［M］.福州：福建人民出版社，2010.4.

［3］教育部.语文课程标准（2011版）［S］.北京：北京师范大学出版社，2011.

［4］王荣生.语文科课程论基础［M］.北京：教育科学出版社，2014.12.

［5］［美］莫提默·J·艾德勒，查尔斯·范多伦.如何阅读一本书［M］.郝明义，朱衣译.北京：商务印书馆，2014.

在整合中培养学生的阅读素养

美国教育心理学家奥苏贝尔说过这样一句话："如果我不得不将教育心理还原为一条原理的话，我将会说，影响学习最重要的原因是学生已经知道了什么，我们应当根据学生原有的知识状况进行教学。"[①]基于"学习原点"的原理，我在备课设计的过程中往往会先厘清学生已知的和未知的，继而根据学生未知的对教材进行调整、补充和整合，在阅读教学中有的放矢。接下来以三年级的成语故事《惊弓之鸟》、五年级的略读课文《金钱的魔力》、六年级的《只有一个地球》的教学设计为例，解读我在整合中培养学生的阅读素养的具体做法和感受。

一、单元巧整合，阅读容量增

六年级上册的《只有一个地球》是一篇经典的课文，篇幅短小但文质优美，是一篇很好的科学小品。对于这篇课文的重难点，《教师教学用书》这样写："本课的教学重点之一是引导学生懂得'只有一个地球'的道理。增强珍惜资源、保护地球的意识……课文中引用的宇航员的感叹是学生理解的一个难点。"[②]但是，很多教师在执教这篇课文的时候，总是紧盯着说明方法和内容，所以我们听到的《只有一个地球》大多在这两方面体现教学的亮点，很少有教师能跳出这个框框。但这样教，我们的学生能学到什么？说明方法？现在使用的人教版教材在三年级就开始接触说明文，教师在教学中一定会渗透说明方法的讲解，因此我觉得对于小学要掌握的"打比方、举例子、列数字、做比较"

---

① 现代汉语词典. 商务印书馆.

② 课程教材研究所，小学语文课程教材研究开发中心. 教师教学用书（六年级上册）[M].
北京：人民教育出版社，2016，12.

这几种说明方法，五、六年级的学生应该是轻而易举的；要说朗读指导，从一年级就开始指导朗读，学生其实已经掌握了朗读的基本技巧，这些技巧对于这篇文章而言足够了。既然如此，我们的40分钟还要停留在这些学生已有的技巧技能上吗？如果是的话，那我们的语文教学又如何体现年段特点和语文素养呢？

我仔细翻看语文书，反复对比了这个单元的几篇课文和园地里的"日积月累"模块，"单元整合"几个字蹦出来了，是啊，何不进行单元整合呢？于是，我和钟老师把这节阅读课分成了四个模块。

模块一：检查字词，串讲大意

这个部分由读题入手，继而听写"渺小、移居"等四个词，再让学生利用这四个词串讲本文的大意。

（模块一着重检查学生的书写、造句和概括能力。）

模块二：两读课文，品析语句

这个部分由速读入手，让学生在速读中去发现能表现地球"可爱"和"易破碎"的句子，继而在交流分享中进行朗读和词句的品析，体会说明文用词的规范、准确和严谨；然后，进行说明方法的辨析；最后，默读课文。

（模块二着重检测本课知识点的掌握情况。之所以立足于检测，是因为说明方法的辨析是学生已经学过的，所以只做检测。在此过程中，教师还要及时渗透读书的方法：阅读是要注意速度的，阅读时需要圈圈画画做些笔记，读书既可以开声读，也可以默读。而且，在读书与交流中引导学生关注中心句，读出作者的惋惜、无奈，进行必要的朗读训练。）

模块三：整合阅读，发现特点

这个部分由"地球慷慨地向我们提供各种资源"抛出话题"作为地球的主宰者，人类是否拥有主宰其他物种生存的权利？"首先，引导学生去浏览《鹿和狼的故事》并做交流与分享，继而回到《只有一个地球》的末段，通过朗读去呼吁。其次，让学生自选浏览《这片土地是神圣的》《青山不老》，并从中谈启示。然后，回到《只有一个地球》的末段，让学生在这个过程中发现四篇文章的主题是一样的：保护地球。最后，教师引导学生去发现四篇文章的文体，得出结论：要表现同一个主题，我们可以从不同的角度，采用不同的表达方式。

（模块三的设计体现了温儒敏教授在《用好部编本小学语文教材》一文中提到的"1+×"的办法，即讲一篇课文，附加若干篇泛读或者课外阅读的文章，让学生自己读。学生在这个环节中虽然读的磕磕绊绊，读得有些吃力，但没关系，他们在语文课上这样地读，终会受益。而且，我们利用《只有一个地球》的末段将这几篇课文连成了一个整体，使学生更好地体会到"只有"二字的深意。）

模块四：对话文本，写出深意

这个部分由民谚引入，继而让学生与文本对话，站在不同的角度写写心里话。最后是作业"完成综合性学习：探究地球的可贵之处"。

（模块四的设计重在体现学有所思、学有所获上，简单的动笔可以检查学生的遣词造句是否准确。作业的延伸又让课堂延伸至课外。）

我曾经将本课的教学设计分享给江门鹤山的老师，他们听后最大的感受是"没想到语文课还可以这样上"。钟老师在备课和上课后也觉得这样的教学设计真正契合了部编语文教材"连滚带爬地阅读"的编写意图，一节40分钟的课，学生利用已知的知识解决了课文的学习，又通过比较、分析的方法完成了多篇文体的比较，提炼了单元主题，习得了话题作文的选材方法。虽然这节课还存在着不完美，但我觉得在中高年级，很多课文都可以通过单元整合的方式，扩大阅读量，增大课堂容量，培养学生的阅读能力。

二、类文巧整合，提炼能力显

三年级下册第三单元的《惊弓之鸟》是一则成语故事，整个第三单元都围绕着"思维方法"展开。对于这篇课文，我的教学设计如下。

教学设计环节	具体流程	设计意图
环节一：检查自学，听写导入	教师通过听写字词，检查学生对生字的掌握情况，并由此引出课题	本环节主要检查学生的生字书写，尤其是"弓"字的笔顺，同时引导学生根据字面理解"惊弓之鸟"的意思，知道这种理解词语的方法是拆词法

续 表

教学设计环节	具体流程	设计意图
环节二： 角色朗读， 了解经过	指导学生分角色朗读课文的经过部分	这个环节主要运用了情境教学法。情境教学法是指在教学过程中，教师有目的地引入或创设具有一定情绪色彩的、以形象为主体的生动具体的场景，以引起学生一定的态度体验，从而帮助学生理解教材，并使学生的心理机能得到发展的教学方法。 情境教学法的核心在于激发学生的情感。本环节中的朗读与射箭都是让学生在具体的情境中体验，在体验中感受如何通过语言描写准确地表现人物特点以及魏王看到只拉弓，不放箭就把大雁射下来的惊讶。
	设置情境，全班体验射箭，感受魏王的惊讶	
环节三： 分组合作， 探究原因	小组合作探究惊弓之鸟的原因： 1. 更羸说了几句话？ 2. 每句话分别讲什么？ 3. 句子与句子之间有没有联系？ 4. 请用"因为……所以……"的句式还原主人公的分析过程	本环节着重落实言语的训练，一方面要通过朗读知道文段讲了什么；另一方面要理清句子与句子之间的联系，还要会用关联词"因为……所以"还原更羸的分析过程，从中体会更羸思维严谨，判断精准，经验丰富。
环节四： 对比阅读， 归纳喻义	运用故事学习的方法（起因、经过、结果）分组进行对比阅读，概括故事的教育意义	本环节重在进行学习方法的迁移，指导学生运用故事学习的方法，进行课堂上的对比阅读《杯弓蛇影》，找出两则故事的相同点，并由此归纳出喻义。学生在这个环节中要进行阅读、分析、比较、概括、整合，其思维能力得到了锻炼。
环节五： 阅读拓展， 延伸课外	阅读拓展，培养兴趣； 复述故事，尝试编课文剧； 成语故事演讲大会	教是为了不教。本节课教师交给了学生阅读故事的方法、归纳喻义的方法，那么课后就要学会应用。所以本环节着重体现的是课后的阅读拓展，教师提供"风声鹤唳、草木皆兵、谈虎色变"的阅读材料，让学生在课后阅读，并比较归纳出这三则成语故事的相同之处。其他的两个课后拓展作业同样是围绕着成语故事的主题展开。

在本课的教学过程中，我发现在故事类题材的教学中，适当进行类文的拓展，不仅能有效地提高学生的阅读理解力，使学生的思维变得越来越灵活，而

且能够更有效地提高学生辨析、提取、加工、归纳整合信息的能力。

三、群媒巧整合，写作指导实

《金钱的魔力》是指导文君老师上的一节课，由于文君老师课后感觉不理想，因而我自己又重新备了一次课，并带课到鹤山一小，反响不错。我的教学设计如下。

模块一：课前游戏，体会文字的魔力

本模块属于导入的环节，教师通过PPT课件的呈现，让学生通过简短的文字猜出文学作品中的经典人物：哪吒、关羽、猪八戒、武松。

（本环节采用游戏的形式，让学生初步形成了"精彩的文字能塑造出典型的人物"这样的一种看法，对引出本课教学起到了很好的作用。）

模块二：梗概铺路，角色体验

这个部分，教师先把故事梗概讲给学生听，引导学生对三个问题进行梳理：（1）故事中出现了几个人物？（2）哪个情节让你觉得特别有趣？（3）你能与同桌合作将这个情节表演出来吗？之后，由学生在小组中合作表演，最后挑选学生与教师合作表演。

（本环节的设计以感受体验角色为主，学生通过聆听捕捉关键信息，再在想象的基础上进行表演，学生在表演创作中进行了第一次的作品建构和人物性格分析。）

模块三：对照文句，感悟写法

这个部分，教师引导学生进入原文，通过浏览、寻读、跳读、精读等方法，品析与刚才表演相对应的文字片段，在分享与交流中归纳人物性格特点，感悟讽刺的表现手法以及提炼写作方法"准确的心理揣摩、夸张的细节描写、传神的性格刻画"，并通过比较文字与表演的效果，体会文字的张力。

（本环节重在对学生进行阅读技巧的训练，训练学生运用不同的阅读技巧阅读、品析作品，提高学生的阅读能力，为下一个写的环节做好铺垫。）

模块四：写法迁移，学以致用

这部分先介绍作者与作品，然后让学生在《百万英镑》同名影片插曲的伴奏下，通过大胆的想象、夸张的笔触描写以下片段"我衣衫褴褛，我饥饿难耐，我怀揣着这张支票走进了这家饭店，伙计……"继而在交流与分享中师生进行即兴点评，最后让学生观看同名电影的这个片段，感受演员是怎样通过表演艺术再造情节的。

（《语文课程标准》强调：要重视写作教学与阅读教学、口语交际教学之间的联系，善于将读与写、说与写有机结合，相互促进。[1]本环节整合了文字、图片、音乐、视频多种媒介，重在写作实践，老师与同学的点评以及视频的播放都是为了指导学生更好地完成写的训练。）

模块五：拓展课外，延伸积累

这部分主要是作业的布置：（1）借助视频继续修改自己的练笔；（2）运用比较阅读的方法阅读《葛朗台》《威尼斯商人》《悭吝人》中的片段，找出三个片段的相同之处；（3）建议感兴趣的同学找《百万英镑》的原著和电影来看（教师提供电影的观影网址）。

（得法于课内，得益于课外。本环节重在将课内的知识延伸至课外，让学生通过课外的延伸去熟练掌握阅读和写作的技巧，去多角度地习得讽刺的表现手法。）

这节课在鹤山一小上完以后，当地教研员给予了高度的评价，对于本课的教学设计、教学特色都给予了称赞。我个人认为，本课最大的特点就是将文本、音频、视频、表演多种媒体一一呈现，引导学生熟练地运用浏览、寻读、跳读、精读阅读技能，在反复的对比中学习人物细节的描写，实实在在地促进了学生习作能力的提高。

布鲁姆说："有效的教学始于准确地知道希望达到的目标是什么。"换言之，教师所期望的学生的变化，就是我们的教学目标。而这节课，我们看到了学生在教学环节的推进下所呈现出来的可喜的变化。

叶圣陶认为："任何能力的形成，一要得其道；二要经常训练。训练成了能力，才算有了能力。"学生阅读素养的培养，不是靠一两节课就能完成的，它要求教师必须洞察文本，与文本做深度对话，并不断地对自发主题心理图式进行专业积累，从而提高以更新为特点的建构能力。[2]唯有这样，教师才能跳

---

① 吴森森. 微习作的价值取向与教学意识［J］. 小学语文教师，2018，4.

② 钱理群，孙绍振，王富仁. 解读语文［M］. 福州：福建人民出版社，2010.

出教材的框框，在教材内容的整合中优化对学生阅读素养的培养。这也是新的部编版语文教材所提倡的单篇教读和群文阅读一体化，其最终的培养目标就是要让学生将学到的知识、方法、能力运用到群文阅读过程中，运用到整本书的过程中，做到能力迁移，最终养成每天阅读的良好习惯。①

（原载《中国教工》总第517期第219页）

---

① 崔峦.群文阅读再出发——基于通便本教材的韵文阅读课程探索［J］.小学语文教学，2018，3.

中　篇

实　践　篇

> 要记住，你不仅是教课的教师，也是学生的教育者，生活的导师和道德的引路人。——苏霍姆林斯基
>
> 本篇收录的是作者在课改过程中的一些教学案例，有精读课，有略读课；有诗歌教学，也有文言文教学；有吟诵教学案例，也有绘本教学案例，从中可以一窥作者的教学理念所在。

《浅水洼里的小鱼》第一课时教学设计

【教学目标】

1. 认识10个生字，会写13个生字，能正确读准16个词语。

2. 正确、流利、有感情地朗读课文，体会小男孩做法的意义。

【教学重难点】

教学重点：引导学生整体把握内容，感受浅水洼里的小鱼的感受。

教学难点：通过朗读体会小男孩做法的意义。

【教学准备】

1. 课前制作教学课件，包括文字、文段、图片等。

2. 布置学生预习生字及课文。

【课时安排】

2课时。

【教学过程】

（一）谈话导入，板书课题

1. 出示儿歌：

森林是动物们的家，动物们在森林里快乐生活；

蓝天是鸟儿们的家，鸟儿们在蓝天上自由飞翔；

（　　）是鱼儿们的家，鱼儿们在（　　）里畅游嬉戏。

2. 板书课题，朗读课题。

3. 过渡：浅水洼里的小鱼怎么了？请同学们打开书，听老师朗读课文。

（二）听读课文，学习生字

1. 听教师范读课文，给课文分好自然段。

2. 交流：一共有几个自然段？

3. 拼读生字，交流识字方法（重点解决"蒸、继、甚"）。

4. 认读生字，结合具体语境理解"成百上千"。

5. 开火车认读生字。

6. 读准生字，读通句子。

7. 学写四个字：久、乎、至、死（每个字写两遍）。

8. 自由朗读课文。

（三）品读语句，感悟困境

1. 教师朗读课文第一句，顺势提问，"我"发现了什么？请大家默读课文第一节，用"＿＿＿＿"画出来。

2. 交流。出示图片，教师解释"浅水洼"，帮助学生体会"困"。

3. "困"字还能换成什么词吗？

4. 这些小鱼被困在浅水洼里，会遇到什么困难？用"＿＿＿＿"画出来。出示文句：

它们被困在浅水洼里，回不了大海了。被困的小鱼儿，也许有几百条，甚至几千条。用不了多久，浅水洼里的水就会被沙粒吸干，被太阳蒸干，这些小鱼都会干死的。

5. 创设情境，引导想象。

（1）同学们，浅水洼里的小鱼离哪儿很近呢？（大海）

（2）大海可是小鱼的家呀！所以还可以说……（家）

（3）家里有小鱼的爸爸和妈妈，所以还可以说……（爸爸、妈妈）

（4）小鱼回到大海，又有了生的希望，所以还可以说……（生的希望）

6. 指导朗读：

尽管它们的家就在眼前，但是，它们被困在浅水洼里，回不了大海了。

尽管它们的爸爸、妈妈就在不远处，但是，它们被困在浅水洼里，回不了大海了。

尽管生的希望就在眼前，但是，它们被困在浅水洼里，回不了大海了。

7. 小鱼们真可怜！在这些浅水洼里，等待它们的只有什么？（死）

8. 全班朗读第一节。

9. 从哪些词语中让我们感受到小鱼们离死亡越来越近了？从这三个词语中，你仿佛看到了什么，听到了什么？

10. 指导朗读：用不了多久，浅水洼里的水就会被沙粒吸干，被太阳蒸干，这些小鱼都会干死的。

11. 角色体验：如果你就是其中的一条小鱼，此时，你会想些什么？又会说些什么？

12. 朗读求助信，检查生字识写。

（四）小结

清晨，我在沙滩上发现了许多小鱼，它们离死亡越来越近。这些小鱼的命运最终会怎样？我们下节课接着学。

板书设计

浅水洼里的小鱼

（死）

《揠苗助长》教学设计

【教材分析】

《揠苗助长》是一篇讲读课文，这篇课文用生动有趣的故事揭示了一个深刻的道理。通过学习让学生明白事物是有它自身内部的发展规律的，借助外力，强求速成，反而会把事情弄糟。

【教学目标】

1. 会认5个生字"寓、焦、喘、截、揠"，会写"焦、费、望、算"4个字。

2. 正确、流利地朗读课文，默读课文，能在读中悟出故事的寓意：做事不可急于求成。要求学生把故事讲给爸爸妈妈听。

【教学重难点】

能在读中悟出故事的寓意。

【教学过程】

（一）复习旧知，导入新课

1. 二年级上册有篇识字课文里有这几组成语，看谁能与老师接力，把这几组成语背下来？

（设计意图：通过旧知引入新知，既能拉近师生间的距离，又能活跃课堂气氛。）

2. 其实成语"揠苗助长"的背后还藏着一个有趣的故事呢！看老师写课题，有哪位同学会读第一个字？

3. 猜猜"揠"是什么意思（拔）？所以也有好多人把揠苗助长叫（拔苗助长）。谁能看着题目说说整个成语的意思？

4. 知道了课题的意思，读起来一定更有意思，谁来读？读着读着，你的脑海里会浮现出哪些问题呢？（板书：为什么揠苗？怎样揠苗？结果怎样？）

（设计意图：培养学生质疑能力的同时，也提示学生学习寓言故事的方法：抓住事情的起因、经过、结果，就能把故事的大意掌握好。）

（二）自读课文，学习生字

1. 俗话说"书读百遍，其义自见"。解决问题的最好办法就是读书。下面请大家把课本翻到122页，读一读课文，注意：读书时一定要把字音读准确，把难读的地方多读几遍，还要思考我们提出的这三个问题。

2. 刚刚在读的过程中，老师发现有两句话同学们读得比较吃力，谁想来挑战一下困难？（抽选学生个别读）

① 他在田边焦急地转来转去，自言自语地说："我得想个办法帮它们长。"

② 他回到家里，一边喘气一边说："今天可把我累坏了！力气总算没有白费，禾苗长高了一大截。"

3. 出示生字，认读、理解。相机引导学生积累ABAC结构的词语。

4. 顺势示范"焦、费、望、算"的书写，指导学生写好生字。（身子坐正、双脚平放、牢记三个"一"，用心写好字）

5. 生字掌握好了，老师相信句子能读得更好了，谁来展示一下？

6. 我们把句子放进课文中，请4个同学接力把课文读一遍。其他同学要继续思考刚才的问题：为什么？怎么样？结果如何？

（设计意图：生字的教学从具体的语言环境入手，再抽出来解决音、形、义，同时引导学生积累ABAC结构的四字词语。这样的过程使得生字的识记不枯燥。写字教学则着重体现观察发现——示范指导——练习书写的过程。）

（三）聚焦问题，朗读感悟

1. 那个人为什么要揠苗？（板书：焦急）从哪里看出？用"＿＿＿"画出来。理解"巴望"，他巴望着会想什么呀？

2. 比较句子，体会"焦急"的心情。

3. 他最终想出了一个什么办法？

4. 创设情境，师生接龙：

他这样一棵一棵地往高里拔，忙了半个小时就觉得有点儿头昏脑涨，可是他一想：＿＿＿＿＿＿＿＿＿＿＿＿＿＿＿＿＿＿＿＿，就继续忙开了。

中午的太阳火辣辣的，这个人忙得满头大汗，却不愿停下来擦一擦，因为他在想：＿＿＿＿＿＿＿＿＿＿＿＿＿＿＿＿＿＿。

太阳快下山了，那个人面朝黄土背朝天地忙碌了大半天，累得不得了，但只要一想到＿＿＿＿＿＿＿＿＿＿＿＿，就咬咬牙继续干下去。

就这样，那个人从早上忙到太阳下山，直累得筋疲力尽。什么叫"筋疲力尽"？你在什么时候有这种感觉？你还见过谁筋疲力尽过？如此看来，这个人这一天真的是非常辛苦。

（设计意图：语文课要落实听、说、读、写的训练。这个故事浅显易懂，教师要引导学生品读词句的地方不多。但此处的这个创设情境、师生接龙，就训练了学生想象和语言表达的能力，让学生联系课文，在创设的情境中展开想象，说说那个人的想法。学生的说法可以不尽相同，但不能偏离课文的原意。）

5. 尽管辛苦，在那个人看来却是十分值得，因为什么？指导朗读第三自然段。（配着动作读）

6. 朗读中教师指导学生理解"白费"一词中"白"的意思，并通过具体的语境了解"白"字的其他用法：表示颜色——白色；表示空的，没有加上其他东西的——白纸；表示纯洁——洁白；表示清楚——明白。

（设计意图：这是本课时的另一个词语训练点。通过理解"白费"一词，带出"白吃饭、白看书、白学了"等词语，继而通过具体的解释，让学生组词，这样既可以让学生学习到的词语丰满、实在，又可以让学生初步接触中国文字一词多义的特点，为接下来园地七相关内容的学习做好铺垫。）

7. 结果真是这样吗？用"____"画出来。（板书：全死了）

8. 讨论：地里的禾苗为什么都死了？

9. 看图片，了解禾苗的生长过程。

（四）归纳寓意，回归整体

1. 此时，你觉得那个人怎么样？

2. 讨论：我们为什么说那个人愚蠢，他到底蠢在哪里？（板书：违背规律，急于求成）

3. 汇报交流，归纳寓意，学生齐读。

4. 我们生活中有这样的人吗？能举个例子吗？

（设计意图：寓言故事的学习不仅仅是学会一个道理，更重要的是能够在生活中加以辨别、运用。此处的举例子就是要运用学生的生活积累，训练其语言表达能力。）

5. 这真是个有趣的故事，谁能利用黑板上的词语说说这个故事讲了什么？你看，故事虽然不长，但是蕴含的道理却很深刻。像这样的故事我们就叫它们

"寓言"（板书：寓言）下面请大家一起有感情地把这个故事再读一遍。

（五）角色体验，学以致用

经历了这一次，那个农夫后悔死了，他觉得他有必要把自己的故事讲给其他人听，希望大家别学他那样做傻事。那么你觉得他应该怎样去告诉别人呢？（学生练习：《农夫的自述》）

（设计意图：作为一份自述，学生必须把农夫做过什么，为什么这样做，有什么结果清晰地串联起来，还要加上对寓意的理解。因此，本环节的设计，着重训练了学生的课文复述能力。）

（六）拓展作业，延伸课外

1.我会说。我能把这个故事讲给家长或其他小朋友听。

2.我想读。读一读下面这些成语，然后找一找关于它们的故事。

亡羊补牢	滥竽充数	叶公好龙	闻鸡起舞
画饼充饥	画蛇添足	惊弓之鸟	胸有成竹
门庭若市	举棋不定	纸上谈兵	虎头蛇尾

（设计意图：本着培养学生良好的阅读兴趣和习惯的目的，特意安排了两项作业。）

板书设计

寓言两则

揠苗助长

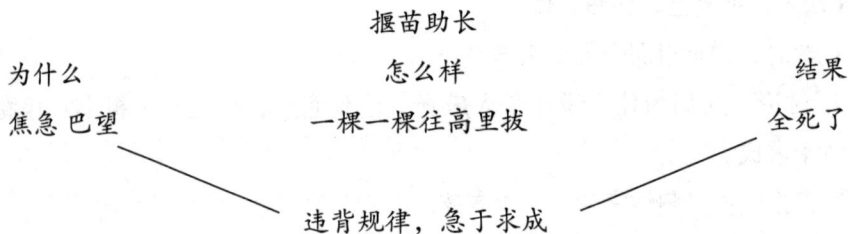

为什么 怎么样 结果
焦急巴望 一棵一棵往高里拔 全死了
违背规律，急于求成

《掌声》教学设计

【教学目标】

1.认识10个生字，会写13个生字，能正确读准16个词语。

2.正确、流利、有感情地朗读课文，感悟英子在掌声前后的变化，学会尊重、关爱他人。

3.练习查阅课外资料，初步培养学生收集整理信息的能力。

【教学重难点】

教学重点：引导学生整体把握内容，感受英子在掌声前后的变化。

教学难点：通过语言和动作的描写体会英子的心理变化。

【教学准备】

1.课前制作教学课件，包括文字、文段、图片等。

2.布置学生预习生字及课文，并收集有关人与人之间相互尊重、关爱的名言、谚语或有关残疾人自强不息、社会帮助残疾人的小故事。

【课时安排】

2课时。

【教学过程】

第一课时

（一）谈话导入，揭示课题

1.结合上课班级的表现，给予掌声表扬。

2.出示课题：（　　　　　　　　　）掌声。

3.齐读课题，问：你知道有什么样的掌声？（引导学生将课题中的括号补充完整）

4.这篇课文讲的是什么样的掌声，我们学了就知道。

（二）初读课文，识字写字

1.自由轻声读课文，争取把课文读正确、流利。

2.检查字词掌握情况。

（1）质疑：刚才读课文的时候，你碰到了哪些不懂的字词，请提出来。（本环节针对中下层次的学生）

（2）结合学生的质疑，组织其他学生帮助解决疑难。（鼓励学生用自己的方法记住生字）

（3）游戏：我猜我猜我猜猜。

① 课件出示一组提示，请学生猜：三个字的词、我国的通用语言。（答案：普通话）

② 分小组组织语言，出题。

③ 全班交流。

3.学写生字。

（三）再读课文，整体感悟

1.默读、思考：你能先用一个词说明英子留给你的印象，再说说为什么吗？

（训练学生从整体把握内容的能力，学生可以说英子变化前的，可以说英子变化后的，也可以把变化前后的感觉连起来说。）

2.全班交流：

（1）用一个词说说英子留给你的印象，为什么？

（2）请找出文中相关的语句读一读。

（3）评一评，比一比。

3. 结合学生的交流，提出问题：英子留给我们的印象有这么大的差别，是什么力量使她有这么大的改变呢？我们下节课接着学。

第二课时

（一）复习引入

问：课文讲了一件什么事？

（二）精读课文，理解体验

1.问：是什么力量使英子有这么大的变化？

（1）带着这个问题，分小组读课文，讨论。（培养学生的合作、探究精神）

（2）小组汇报讨论结果。

① 是什么力量使英子有这么大的变化？

② 课文中一共出现了几次掌声？你能从文中找出描写掌声的语句读一读吗？

③ 课件出示两个句子，引导学生读一读，评一评。

就在英子刚刚站定的那一刻，教室里骤然间响起了掌声，那掌声热烈而持久。

故事讲完了，教室里又响起了热烈的掌声。

④ 从这两次掌声里，你体会到了什么？

2. 出示英子的话："我永远不会忘记那掌声，因为它使我明白，同学们并没有歧视我。大家的掌声给了我极大的鼓励，使我鼓起勇气微笑着面对生活。"

（1）请一位同学读一读。

（2）你从英子的话中读懂了什么？

（3）想象练说：英子会怎样微笑着面对生活？

（4）谁能有感情地读一读这句话？

（5）评一评。

（6）小结：现在，你认为课题的括号里该填什么词语？（板书：给人力量的或与它意思相近的词语）

3. 朗读展示台。

（1）课文里像这样感人的地方还很多，你愿意找一找，读一读吗？

（2）听一听、评一评、比一比。

（三）拓展延伸，深化认识

1. 谈掌声。

（1）你得到过掌声吗？当时你的感受如何？

（2）你为别人鼓过掌吗？你的感受如何？

2. 谈收获：学了这篇课文，你最大的收获是什么？

3. 分享资料。

（1）你还收集到哪些反映人与人之间互相尊重、关爱的名言、谚语呢？请在小组内分享。

（2）教师展示自己收集到的资料，与学生共同分享。

4. 真情告白。

请对你周围的同学说一句鼓励的话。（有时间的还可写一写）

板书设计

29.（给人力量的）掌声

尊敬、鼓励、关爱

忧郁 ————————→ 微笑着面对生活

《检阅》第二课时教学设计

【教材分析】

《检阅》是人教版小学语文三年级下册第四组的一篇精读课文，讲述了波兰一所学校的儿童队员在国庆游行检阅时，让拄拐的博莱克走在第一排，获得了大家一致的喝彩。

文章洋溢着浓浓的现代意识和人文关怀：要自尊、自强，要尊重每一个个体的平等权利。编者力图通过同龄人的成长故事，让学生与他们进行心与心的对话和交流，从中得到生活的启示，受到人生观和价值观的教育。

【教学重难点】

教学重点：①帮助学生理解课文内容，在阅读中体会人物心理的变化。②有感情地朗读课文。

教学难点：①体会关键语句"这个小伙子真棒！""这些小伙子真棒！"的深层含义。②使学生在阅读中感受要自尊、自强，要尊重每一个人的平等权利的人生观和价值观。

【课时安排】

1课时。

【教学过程】

（一）课前放松

1.师生谈话，活跃气氛。

2.播放一段国庆军人检阅的视频。

（二）课前谈话，导入新课

1.同学们，知道刚才看到的是什么？把同学们说的话汇总起来，用一个词简单概括就是检阅（板书）。大家刚才看到的是我国60周年国庆时的阅兵仪式。看着军人们精神饱满、神气十足的样子，你有什么感受？阅兵是一件严肃的事，能有机会接受检阅更是一件光荣的事。

2. 今天，我们继续学习课文《检阅》。通过上节课的学习，我们都知道课文中接受检阅的不是军人，而是……

3. 出示少先儿童队员检阅的图片，配波兰国歌，教师复述课文第11和12自然段文字内容。

4. 少先儿童队员在检阅过程中表现得那么出色，你们想怎么称赞他们？那观众呢？请在课文的58页用"＿＿＿"画出观众称赞的句子。这两句话非常重要，我要把它写在黑板上。（板书：这个小伙子真棒！这些小伙子真棒！）（注意：伙的笔顺）请同学们齐读这两个句子。你们有没有发现这两个句子有什么不一样？

5. 对！（老师点出"个"和"些"）奇怪了，为什么一名观众说"这个小伙子真棒！"另一名观众却纠正说"这些小伙子真棒！"下面，让我们带着疑问，一起走进课文。

（三）走近问题，感悟"棘手"

1. 从刚才的视频，我们知道，接受检阅是一件严肃、光荣的事。为了出色地完成检阅任务，少先儿童队员们肯定会事先讨论一些重要的事情。换成你们，你们会讨论些什么？

2.（出示少先儿童队员讨论的图片）可是，讨论当天，俱乐部里却鸦雀无声，大家都愁眉苦脸。到底是什么事情把他们难倒了？请大家快速地自由朗读课文第1到第9自然段，看谁最先找到答案。

3. 谁知道，是什么事情把他们难倒了？博莱克怎么了？那对我们的检阅有什么影响吗？

4. 既然这样，劝他不去？好不好？要不把他放在队尾？行不行？这也不行，那也不行，干脆派人叫他别去算了！可是跟他怎么说呢？叫谁去跟他说呢？

5.（出示第6自然段文字）是啊，这么多的难题堆在一起，让每一个人都觉得十分为难，用第4自然段里的一个词就叫作……（请大家把"棘手"这个词圈起来，读一读。）

6. 虽然这些问题是这么棘手，但是检阅当天，我们却看到博莱克不但参加了检阅，还站在了队伍的第一排。这是谁的决定？（出示课文第7自然段）（指引生读）队长的话音刚落，另一名队员大声说……（引导学生说出第8自然段：太棒了……）大家的脸上露出笑容，情不自禁地鼓起掌来。看来，队长的决定得到了大家的一致赞同。

（四）角色体验，感同身受

1. 这些棘手的问题终于解决了，队员们本应该高兴极了，不料又发生了一个小风波。原来博莱克听见了大家刚才的讨论，总觉得自己是拄拐的，会连累大家，所以那天晚上，他回到家里给大家写了一封信。（展示信的内容，放背景音乐）我想请班上读书最棒的同学来给大家念一念这封信。

2. 你读得真好，我想博莱克写这封信的时候，就是这样无助和自卑的。博莱克不想参加检阅了。同学们，你们同意吗？为什么？那你们会怎样劝说博莱克呢？

3. 你们的支持和鼓励，让博莱克充满了自信。于是：

每个晴天的早上，博莱克一个人在操场上练习。摔倒了，他_____；再摔倒，他_____。膝盖流血了，他_____；脚肿得连鞋也穿不下了，他仍然_____。

每个炎热的中午，博莱克一个人在操场上练习。摔倒了，他_____；再摔倒，他_____。膝盖流血了，他_____；脚肿得连鞋也穿不下了，他仍然_____。

每个下雨的傍晚，博莱克一个人在操场上练习。摔倒了，他_____；再摔倒，他_____。膝盖流血了，他_____；脚肿得连鞋也穿不下了，他仍然_____。

4. 不光博莱克一个人在努力，小伙伴们看见了，都非常感动，主动去帮助他，鼓励他。博莱克摔倒了，大家<u>扶一扶</u>；博莱克走不动了，大家<u>等一等</u>。就这样，一个星期过去了，半个月过去了，一个月过去了……博莱克越走越好，检阅队伍越走越整齐了。

5. 终于，国庆节到了。齐读。（出示第10自然段）这段话里有一对近义词，细心的你们发现了吗？"盛大"和"隆重"都是形容场面热闹，声势浩大。我们可以说盛大的节日，隆重的检阅，我们也可以说隆重的节日，盛大的检阅。

6. 这里有一个成语老师非常喜欢——人山人海。人山人海是什么意思啊？你们在什么时候见过人山人海的情景？像今天我们的教室，来了很多听课的老师，我们可以说……过年了，大街上……放烟花了，星湖堤上……

体会得真好！请你在人山人海的词语下面点上小圆点，并记住它。现在请男同学为大家读一读这个自然段，注意要把盛大、隆重的场面读出来。

7. 正是因为博莱克的刻苦训练，所以，尽管是如此隆重的场面，博莱克一点儿地不慌张，他自豪地站在了检阅队伍的第一排。（出示句子：博莱克_____站在队伍的第一排。）你们还能用什么词来形容此时博莱克的样子？请你来，把"自信"这个词放进去，往下读。还有吗？（生：勇敢、坚强……）如果可以用上四字词语就更好了。（生：……）我非常喜欢你说的"_____"这个词，下面我和同学们一起合作读，第一句我读，剩下的黑色部分我读，同学们读红色部分，好吗？

出示文字：他肯定忘记自己在拄拐，他同全队保持一致，目视右方，睁着大眼睛望着检阅台。）（教师变换用上：神气十足、精神饱满、昂首挺胸等四字词语。）

8. 读得真好！让我们一起捧起书，朗读课文第10到第12自然段，一起再现这场隆重的检阅。

看着博莱克迈着整齐有力的步伐经过主席台，观众都忍不住称赞他：（指示黑板板书）这个小伙子真棒！

9. 但是，得到观众称赞的仅仅是博莱克一个人吗？为什么？难怪另一名观众纠正说：这些小伙子真棒！

10. 对！大家之所以会发出如此的赞叹，是因为看到了队员之间的团结友爱、互帮互助，这是集体的力量。所以，博莱克应该得到喝彩，其他的儿童队员也应该得到喝彩！齐读（指示板书）。

（五）想想写写，对话主角

1. 你们喜欢博莱克吗？那你想对博莱克说些什么？把你想说的话写下来。

2. 学生想象写话。

3. 展示交流。

（六）总结全文，布置作业

1.《检阅》是波兰作家阿·卡斯基的作品，描述的是一个非常感人的故事。最后让我们在文字的引领下，再一次回顾课文，好吗？（出示文字：波兰一所学校的少先儿童队员，在来临之际，做出了一个大胆的决定——在国庆游行检阅时，让博莱克站在队伍中。游行时，他们的检阅队伍获得了大家的称赞。)

2. 文中博莱克的自尊、自强以及队员们对博莱克的关心、爱护让我们非常感动。课后，请你把这个故事讲给你的爸爸妈妈听。

3. （图片换成主题图）现在，请同学们起立，让我们真诚地向这些小伙子喝彩（生读板书），再让我们用最热烈的掌声，对这些小伙子致敬！下课！

板书设计

14. 检阅

这个小伙子真棒！

这些小伙子真棒！

（本课是指导麦少梅老师备下的一节获奖课例）

《人物描写一组之临死前的严监生》教学设计

【教学目标】

1. 知识与技能目标：正确、流利地朗读课文，读准"侄儿、穿梭、郎中、诸亲六眷、挑掉、登时"等字音，正确书写"监、侄、郎"三个生字。

2. 过程与方法目标：抓住重点词句体会人物的性格特点，感受严监生这个鲜活的吝啬鬼形象。

3. 情感、态度、价值观目标：体会作者通过抓住人物的动作、神态等方面来表现人物性格特点的方法。激发学生阅读中外名著的兴趣。

【教学重难点】

教学重点：体会人物的性格特点，感受严监生这个鲜活的吝啬鬼形象。

教学难点：体会作家描写人物特点的方法，并在习作中学习运用。

【教学准备】

制作课件。

【课时安排】

1课时。

【教学过程】

（一）复习谈话，导入新课

1. 上节课，我们学习了《人物描写一组》中的《小嘎子和胖墩儿比赛摔跤》，谁能说说小嘎子和胖墩儿都有什么特点？还记得作者主要通过什么刻画人物吗？

2. 板书课题，指导学生识写"监"字。

3. 简介选段出处及作者。

（二）初读课文，初识主角

1. 自由朗读课文，借助拼音和注释弄懂字词，读通课文，圈画自己觉得有趣的语句，写写批注。

2. 认读字词，识写"侄、郎"。

3. 齐读课文，交流讨论，教师板书：两根指头、两茎灯草。

（三）品读句子，揣摩心理

1. 教师质疑：一个行将就木的人硬撑着一口气伸出两根指头，心疼那两茎灯草，他为什么不直接说出来呢？从哪儿看出他病得不轻？

2. 为了那两茎灯草，严监生通过什么动作、神态提醒诸亲六眷？请用"＿＿＿"画出来。

3. 师生对读以下句子，比较人物的动作神态，追问学生：此时，严监生心情怎样？他会想什么？

大侄子走上前来问道："二叔，你莫不是还有两个亲人不曾见面？"他就把头摇了两三摇。

二侄子走上前来问道："二叔，莫不是还有两笔银子在那里，不曾吩咐明白？"他把两眼睁得滴溜圆，把头又狠狠摇了几摇，越发指得紧了。

奶妈抱着哥子插口道："老爷想是因两位舅爷不在跟前，故此记念。"他听了这话，把眼闭着摇头，那手只是指着不动。

4. 小练笔：

当大侄子问到是否还有两个亲人没见面时，严监生（　　　）地想：＿＿＿＿。

当二侄子问到是否还有两笔银子没有吩咐明白时，严监生（　　　）地想：＿＿＿＿。

当奶妈问到是否两位舅爷不在跟前时，严监生（　　　）地想：＿＿＿＿。

5. 小组交流、表演。

6. 理解"登时"，感悟人物特点。

7. 男女生对读。

8. 拓展原文，小结板书。

（四）对比阅读，感悟方法

1. 教师出示课件，向学生介绍中外文学作品中的四大守财奴形象，并出示《欧也妮·葛朗台》中葛朗台临终前的片段，让学生自由阅读。

2. 比较两个片段在写法上的异同，并板书。

3. 推荐阅读《儒林外史》。

（五）作业布置，延伸课外

1. 小结全文。

2. 布置作业：

（1）展开想象的翅膀，给严监生或葛朗台画一幅漫画。

（2）课后阅读写人的文章或书籍，摘抄描写人物的精彩句段。

▢▢ 板书设计

22. 人物描写一组之   临死前的严监生

抓细节 ⎰ 动作   两根指头

        神态   吝啬 ↓ 小气

        心理   两茎灯草

《金钱的魔力》教学设计

【教学目标】

1. 自读课文，小结文章的写作方法。

2. 通过文段与影片片段的对比，赏析作品中夸张的描写，感知语言的张力。

3. 进行细节描写的拓展练笔。

【教学重难点】

运用对比的方法赏析作品中夸张的描写，体会文字的张力，并进行细节描写的练笔。

【教学准备】

制作教学课件，下载剪辑《百万英镑》的电影片段。

【课时安排】

1课时。

【教学过程】

（一）课前导入，体会文字的魔力

1. 游戏：看文字，猜人物。

（1）手持火尖枪，脚踏风火轮。（哪吒）

（2）过五关斩六将，千里走单骑，万古传忠义。（张飞）

（3）黑脸短毛，长嘴大耳，好吃贪睡，爱进谗言。（猪八戒）

（4）身躯凛凛，相貌堂堂，心雄胆大，打虎名扬。（武松）

2. 讨论：为什么一看到这些简短的文字，大家就能准确地猜出人物呢?

（二）梗概铺路，角色体验

1. 教师以故事梗概的方式，呈现作品。

我本是一个身无分文的穷光蛋，因上帝的眷顾，我得到了一张面值一百万英镑（约合人民币968.18万元）的支票。有了它，我想给自己换身像样的衣服，于是，我走进了服装店。店里的伙计托德起初是冷淡地敷衍我那张百万英镑的支票时，他目瞪口呆，连说话也不利索了，找来了老板，老板见了支票，二话不说就把我的衣服给定下来了。

2. 问题梳理：

（1）故事中出现了几个人物？

（2）故事中哪个情节让你觉得特别有趣？

（3）你能与同桌同学合作将刚才那个有趣的情节表演出来吗？

3. 请两组同学上来表演。

（三）对照文句，感悟写法

1. 刚才大家通过想象，运用得体的语言、动作、神态为我们还原了故事的精彩情节。想不想看看文字是怎么描述的？我们一起翻开书本第141页，快速浏览课文，找到刚才表演的那两个片段，再用心阅读，并在旁边写批注。

2. 交流阅读心得，归纳托德和老板的特点。

3. 对照板书，小结作者的写作手法。

（四）写法迁移，学以致用

1. 通过表演、对比阅读，我们发现精彩的人物描写还可以……（指读板书）大家想不想也试一试，通过大胆的想象，夸张的笔触，来写写人物？

2. 简介作者马克·吐温和《百万英镑》的梗概：今天我们学的课文是《金钱的魔力》，它出自美国作家马克·吐温的短篇小说《百万英镑》。

布置任务：我衣衫褴褛，我饥饿难耐，我怀揣着这张支票走进了这家饭店，伙计＿＿＿＿＿＿＿＿。

3. 练笔。

4. 交流展示。

5. 观看影片片段，对比练笔，觉得自己的练笔还有哪里需要修改的吗？

（五）拓展课外，延伸积累

1. 借助板书，总结全文。

2. 拓展课外，布置作业。

🖫 **板书设计**

刻薄

金钱的魔力　　　　　（讽刺）　　　　　见钱眼开、唯利是图

热情

准确的心理揣摩　　　夸张的细节描写　　　传神的性格刻画

附：

《金钱的魔力》学习单

姓名：＿＿＿＿＿＿

一、写法迁移：

我衣衫褴褛，我饥饿难耐，我怀揣着这张百万支票走进了这家饭店，伙计

_____

_____

二、对比阅读：请认真阅读以下片段，比较它们在写法上的异同。

片段一：

鲍西娅：商人，你还有什么话说吗？

安东尼奥：我没有多少话要说；我已经准备好了。把你的手给我，巴萨尼奥，再会吧！不要因为我为了你的缘故遭到这种结局而悲伤，因为命运对我已经特别照顾了：她往往让一个不幸的人在家产荡尽以后继续活下去，用他凹陷的眼睛和满是皱纹的额角去挨受贫困的暮年；这一种拖延时日的刑罚，她已经把我豁免了。替我向尊夫人致意，告诉她安东尼奥的结局；对她说我怎样爱你，又怎样从容就死；等到你把这一段故事讲完以后，再请她判断一句，巴萨尼奥是不是曾经有过一个真心爱他的朋友。不要因为你将要失去一个朋友而懊恨，替你还债的人是死而无怨的；只要那犹太人的刀刺得深一点儿，我就可以在一刹那的时间把那笔债完全还清。

巴萨尼奥：安东尼奥，我爱我的妻子，就像我自己的生命一样；可是我的生命、我的妻子以及整个的世界，在我的眼中都不比你的生命更为贵重；我愿意丧失一切，把它们献给这恶魔做牺牲，来救出你的生命。

鲍西娅：尊夫人要是就在这儿听见您说这样的话，恐怕不见得会成~

葛莱西安诺：我有一个妻子，我可以发誓我是爱她的；可是我希望她马上归天，好去求告上帝改变这恶狗一样的犹太人的心。

尼莉莎：幸亏尊驾在她的背后说这样的话，否则府上一定要吵得鸡犬不宁了。

夏洛克：这些便是相信基督教的丈夫！我有一个女儿，我宁愿她嫁给强盗的子孙，不愿她嫁给一个基督徒。别再浪费光阴了，请快些儿宣判吧。（选自《威尼斯商人》）

片段二：

1827年，葛朗台已经82岁了。他患了风瘫症，不得不让女儿了解财产管理的秘密。他不能走动，但坐在转椅里亲自指挥女儿把一袋袋的钱秘密堆好。当女儿将储金室的房门钥匙交还他时，他把它藏在背心口袋里，不时用手抚摸着。临死前，他要女儿把黄金摆在桌面上，他一直用眼睛盯着，好像一个才知道观看的孩子一般。他说："这样好叫我心里暖和！"神父来给他做临终法事，把一个镀金的十字架送到他唇边亲吻，葛朗台见到金子，便做出一个骇人的姿势，想把它抓到手。这一下努力，便送了他的命。最后他唤欧也妮前来，对她说："把一切照顾得好好的！到那边来向我交账！"他死了。（选自《欧也妮·葛朗台》）

片段三：

阿尔巴贡　（他在花园就喊捉贼，出来帽子也没有戴）捉贼！捉贼！捉凶手！捉杀人犯！王法，有眼的上天，我完啦，叫人暗害啦，叫人抹了脖子啦，叫人把钱偷了去啦。

阿尔巴贡　这会是谁？他去了什么地方？他在什么进方？他躲在什么地方？我怎么样才能找得着他？往什么地方跑？不往什么地方跑？他不在那边？他不在这边？这是谁？站住。还我钱，混账东西……（他抓住自己的胳膊）啊！是我自己。我神志不清啦，我不晓得我在什么地方，我是谁，我在干什么。哎呀！我可怜的钱，我可怜的钱，我的好朋友！人家把你活生生从我这边抢走啦；你既然被抢走了，我也就没有了依靠，没有了安慰，没有了欢乐。我是什么都完啦，我活在世上也没有意思啦。没有你，我就活不下去。全完啦，我再也无能为力啦，我在咽气，我死啦，我叫人埋啦。难道没有一个人愿意把把我的宝贝钱还我，要不然也告诉我，是谁把它拿走的？哦？你说什么？没有人。不管是谁下的这个毒手，他一定用心在暗地里算计我的：不前不后，正好是我跟我那忤逆儿子讲话的时候。走。我要告状，拷问全家大小：女佣人，男用人，儿子，女儿，还有我自己。这儿聚了许多人！我随便看谁一眼，谁就可疑，全像偷我的钱的贼。哎！他们在那边谈什么？谈那偷我的钱的贼？楼上什么声音响？他会不会在上头？行行好，有谁知道他的下落，求谁告诉我。他有没有藏在你们当中？他们全看着我，人人在笑。你看吧，我被偷盗的事，他们一定也有份儿。快来呀，警务员，宪兵，队长，法官，刑具，绞刑架，刽子手。我要把那几个绞死。我找不到我的钱呀，跟着就把自己吊死。（选自《悭吝人》）

_____

_____

_____

三、有条件的同学课后请看看《百万英镑》的原著和电影。

《圆明园的毁灭》第一课时教学设计

【教学目标】

1. 流利朗读课文，认读生字词，会写14个生字。

2. 有感情地朗读课文，积累文中优美的句子，背诵第三、第四自然段。

3. 抓住"辉煌"与"毁灭"，体会"不可估量的损失"，从中领悟写法。

【教学重难点】

教学重点：有感情地朗读课文，积累文中优美的句子，背诵第三、第四自然段。

教学难点：抓住"辉煌"与"毁灭"，体会"不可估量的损失"，从中领悟写法。

【教学准备】

1. 制作教学课件。

2. 下载剪辑《火烧圆明园》的片段。

【课时安排】

2课时。

【教学过程】

第一课时

（一）名言引路，板书"圆明园"

1. 法国大文豪曾经说："在世界的某个角落，有个奇迹，那是一座无法用言语来形容的建筑，一个如若月宫的仙境。它汇集了一个民族几乎是超人类的想象力所创造的全部成果。"猜一猜，这座建筑是什么？

2. 板书"圆明园"。

（二）自读课文，梳理、批注

1. 快速阅读课文，借助拼音读准字音，读通课文。

2. 请从课文中找出能够再现圆明园辉煌的段落，做上标记。

3.画出你最喜欢的园中景观，并在旁边写写批注。

（三）检查自读，了解学情

1.读字词。

损失	举世闻名	众星拱月	金碧辉煌
宏伟	玲珑剔透	亭台楼阁	山乡村野
销毁	平湖秋月	蓬岛瑶台	
灰烬	武陵春色	诗情画意	风景名胜
瑰宝	天南海北	奇珍异宝	不可估量

2.猜词语。

（1）形容器物小巧，精致奇妙。（　　　）

（2）全世界都知道，形容非常有名。（　　　）

（3）比喻许多东西围绕一个中心。（　　　）

（4）损失巨大，无法计算。（　　　）

3.做选择（顺势板书）。

这篇课文从三个方面再现了圆明园的辉煌，分别是（　　　）

（1）圆明园的组成、圆明园的奇珍异宝和圆明园的毁灭。

（2）圆明园的地理位置、圆明园的收藏和圆明园的毁灭过程。

（3）众星拱月的布局、风格各异的建筑和收藏文物的珍贵。

（四）交流品读，赏析积累

1.走近宏伟建筑，积累优美文句。

（1）读文句。

圆明园中，有金碧辉煌的殿堂，也有玲珑剔透的亭台楼阁；有象征着热闹街市的"买卖街"，也有象征着田园风光的山乡村野。园中许多景物都是仿照各地名胜建造的，如海宁的安澜园，苏州的狮子林，杭州西湖的平湖秋月；还有很多景物是根据古代诗人的诗情画意建造的，如蓬岛瑶台，武陵春色。园中不仅有民族建筑，还有西洋景观。

（2）发现特点：有……也有……；有……还有……；不仅有……还有……。

（3）句式迁移练习。

圆明园中有（　　　）的牡丹台，也有（　　　）的万花阵；有（　　　）的田字房，也有（　　　）的安佑宫。

校园里有（　　　　）的（　　　　），也有（　　　　）的（　　　　）；有（　　　　）的（　　　　），也有（　　　　）的（　　　　）。

（4）观看圆明园风光视频。

（5）品读观园感受。

漫步园内，有如漫游在天南海北，饱览着中外风景名胜；流连其间，仿佛置身在幻想的境界里。

（6）练习、背诵、积累。

2. 近观布局，板书。

3. 近赏珍宝，板书。

（五）再进圆明园

1. 观看火烧圆明园的视频，引起震撼。

2. 引读句段，依次擦拭板书。

如今的圆明园中，没有了金碧辉煌的殿堂，也没有了玲珑剔透的亭台楼阁。

如今的圆明园中，没有了象征着热闹街市的"买卖街"，也没有了象征着田园风光的山乡村野。

如今的圆明园中，没有了仿造各地名胜建造的景物，也没有了根据诗情画意建造的景观。

如今的圆明园中，不仅没有了民族建筑，还没有了西洋景观。

如今的圆明园中，没有了上自先秦时期的青铜礼器，也没有了下至唐、宋、元、明、清历代名人书画、奇珍异宝。

3. 板书"毁灭"，体会不可估量。

4. 揭示"悲剧"。

悲剧是将有价值的东西毁灭给人看。——鲁迅

（六）推荐阅读，结束课堂

1. 如果你想深入了解圆明园，你可以阅读《昔日的夏宫圆明园》、汪祖荣先生的《追寻失落的圆明园》《圆明园档案史料丛编》十册。

2. 如何看待这个悲剧？如何让这样的悲剧不再重演？让我们下节课接着学习讨论。

板书设计

圆明园

布局特点：众星拱月

宏伟建筑：风格各异

历史文物：珍　　贵

↓

圆明园的毁灭

悲剧！

《杨氏之子》教学设计

【教学目标】

1.学习本课生字新词，能正确书写6个生字。

2.借助注释读通课文，理解大意，着重理解谐音的运用。

3.通过朗读，从人物的对话中理解杨氏之子的聪颖之处。

4.背诵课文，培养学生阅读文言文的兴趣。

【教学重难点】

教学重点：借助注释读通课文，理解大意，着重理解谐音的运用。

教学难点：能从人物的对话中理解杨氏之子的聪颖之处。

【教学准备】

课前制作教学课件。

【课时安排】

1课时。

【教学过程】

（一）故事引入

1.讲故事。

丹麦著名童话作家安徒生一生俭朴，常常戴顶破旧的帽子在街上溜达。有个家伙嘲笑他道："你脑袋上边的那玩意儿是什么东西，能算顶帽子吗？"安徒生立刻反唇相讥地回敬道："你帽子底下那玩意是个什么东西，能算个脑袋吗？"

2.交流：这个故事中什么最有趣？

3.引入课题，解释课题。（板书课题：杨氏之子）

（二）疏通文义，读出节奏

1.借助注音和注释认真读两遍课文，要求读通顺、准确。

2.请学生读课文，询问感受。

3. 教导方法：借助注释，疏通文义，还可联系上下文猜一猜。

4. 四人小组讨论学习，尝试用自己的话把故事大意讲述清楚。

5. 质疑：这个故事中有什么地方引起你疑问吗？

（扣对话和"为设果"句）教师相机指导学生书写"梁、惠、诣、禽"。

6. 再读课文，比较感受。

7. 模仿古人读书。

（三）反复诵读，读出韵味

1. 谈对文章的看法。

2. 指出最有趣的就是对话部分，加上想象，反复诵读。

3. 交流展示：个别读，分角色读，师生合作读，组合读。

4. 配乐诵读。

5. 熟读成诵。

（四）想象续写，拓展阅读

1. 当孔君平听了杨氏子的回答后，他们又会有怎样的对话呢？请你试着写一写，如果你愿意，也可以尝试用文言文写。

2. 交流展示。

3. 介绍作者和《世说新语》。

作者刘义庆（公元403—444年），字季伯，汉族，原籍彭城（今江苏徐州），世居京口（今江苏镇江），南朝宋文学家。刘义庆自幼才华出众。著有《世说新语》，志怪小说《幽明录》。

《世说新语》是南朝出版的图书，由南朝宋临川王刘义庆组织一批文人编写，又名《世说》。其内容主要是记载东汉后期到晋、宋间一些名士的言行与逸事。

4. 运用学到的方法阅读《咏雪》，读后与大家交流。

咏雪

谢太傅寒雪日内集，与儿女讲论文义。俄而雪骤，公欣然曰："白雪纷纷何所似？"兄子胡儿曰："撒盐空中差可拟。"兄女曰："未若柳絮因风起。"公大笑乐。即公大兄无奕女，左将军王凝之妻也。

（五）总结全文

1. 小结学法，总结全文。

2. 作业布置：（1）书写本课生字"曰、乃"；（2）收集积累生活中有艺术性、有魅力的语言（歇后语、谚语）。

板书设计

杨氏之子（甚聪慧）

此是君家果？　　　　未闻孔雀是夫子家禽？

《江雪》教学设计

【教学目标】

1. 知识与技能目标：熟记《江雪》，理解诗意，认识几个繁体字。

2. 过程与方法目标：掌握平仄规律，能跟随录音吟诵。

3. 情感、态度、价值观目标：了解诗人的创作背景，培养学生吟诵的兴趣。

【教学重难点】

教学重点：吟诵规律的掌握。

教学难点：在吟诵中体会诗人的感情。

【教学准备】

1. 制作教学课件。

2. 准备吟诵音频。

【课时安排】

1课时。

【教学过程】

（一）谜语导入，引出诗题

1. 教师出示三首谜语小诗，请同学们猜一猜谜面是什么。

（1）	（2）	（3）
小小白花天上栽，	一片二片三四片，	说像糖，它不甜，
一夜北风花盛开。	五六七八九十片，	说像盐，又不咸。
千变万化六个瓣，	千片万片无数片，	冬天有时一片，
飘呀飘呀落下来。	飞入芦花都不见。	夏天谁都不见。

2. 同学们真聪明，这么快就猜出来了。那你们见过被雪覆盖的山林湖泊吗？今天我们就来学习一首新诗《江雪》。

3. 谁愿意给大家读一读诗的题目？

（二）认识诗人，了解诗题

1. 出示《江雪》图文，谁能从课件上找到作者？

2. 认识作者吗？教师出示作者简介。

柳宗元（公元773—819年），字子厚，汉族，河东（现山西运城永济一带）人，唐宋八大家之一，唐代文学家、哲学家、散文家和思想家，世称"柳河东""河东先生"，因官终柳州刺史，又称"柳柳州"。柳宗元与韩愈并称为"韩柳"，与刘禹锡并称"刘柳"，与王维、孟浩然、韦应物并称"王孟韦柳"。

柳宗元一生留诗文作品达600余篇，其文的成就大于诗。骈文有近百篇，散文论说性强，笔锋犀利，讽刺辛辣。游记写景状物，多所寄托，有《河东先生集》，代表作有《溪居》《江雪》《渔翁》。

3. 谁能用自己的话说说"江雪"两个字为我们描绘了一幅怎样的画面？

4. 大家说的都不错，是不是大家说的这样呢？我们一起走进柳宗元的《江雪》。

（三）借助注释，读通诗句

1. 请四人小组合作，借助注释，把诗句读通顺。

2. 个别检查。

3. 全班朗读。

（四）简繁对照，识记字形

1. 认识繁体字"鳥、飛、絕、萬、徑、滅、獨、釣"。

2. 古人写字用繁体字，古人念诗用吟诵。

（五）吟诵示范，逐句练习

1. 边听边找。

（1）播放王文金先生的吟诵音频，让学生听。

（2）边听边找节奏点。

（3）师生分享交流，教师小结：王文金先生的吟诵采用的是"二二一"的格式，每句有三个节奏点。

2. 边听边学。

（1）逐句播放音频，学生小声跟着吟诵。

（2）教师着重指导："绝"字要拉长加重；强调所有山上的鸟儿都飞走

了；"灭"字要下行，所有的小路都被雪遮掩了。突出"孤、千山"，凸显渔翁的孤单；强调"钓"字，更显孤独。

（3）学生分组学吟诵。

（4）小组展示，教师点评。

（六）串讲诗意，体会孤独

1.听老师吟诵，你听出了什么？

2.真好！大家都会听，还会想象，一幅幅画面呈现在我们眼前。的确是大家想的这样，但柳宗元为什么要写下这首"千万孤独"的五绝呢？请听老师讲个故事。

唐顺宗永贞元年，柳宗元参加了以王叔文为首的政治革新运动。由于保守势力与宦官的联合打压，致使革新失败。因此，柳宗元被贬官到有"南荒"之称的永州。他在任所名为司马，实际上是毫无实权而受地方官员监视的"罪犯"。官署里没有他的住处，他不得不在和尚庙——龙兴寺的西厢里安身。

柳宗元被贬到永州之后，就借描写山水景物，借歌咏隐居在山水之间的渔翁，来寄托自己清高而孤傲的情感，排解自己在政治上失意的苦闷。于是，他怀着幽愤的心情，写下了这首传世名诗。后来《古唐诗合解》："江寒而鱼伏，岂钓之可得？彼老翁独何为稳坐孤舟风雪中乎？世态寒冷，宦情孤冷，如钓寒江之鱼，终无所得。子厚以自寓也。"

3.听完故事，你想说些什么？理解得真到位！请你吟诵一遍这首诗。

4.此山此水，此情此景，配上我们的吟唱，一个活脱脱的在整治革新失败后不屈不挠而又孤寂清高的柳宗元的形象就出现在我们面前，请男生和女生分别为我们吟诵《江雪》。

（七）找准平仄，掌握规律

1.请大家看看诗句中每个字下面的符号，请你猜一猜这些符号分别代表什么？

2.为什么我们要这样把诗句吟唱出来？是因为古人根据字的平仄，定下了平长仄短的规律，也就是平声拖长音节，仄声声停气不停。其中，平声指一、二声，仄声是三、四声。这样读既朗朗上口，又抑扬顿挫，富有变化，增强了诗文的节奏感，体现了古诗词的音韵美。

3.播放周流溪先生的吟诵音频，请找出与王文金先生吟诵的区别。

4.大家更喜欢哪位大家的吟诵？

5.分组展示。

（八）拓展延伸，活学活用

1.古人写诗，往往融情入境、借物抒情。今天我们吟诵的《江雪》就是这样的一篇佳作，我们还知道哪些诗作也是融情入境、借物抒情的，请举例说一说。

2.《江雪》是一首五言绝句。我们还学过哪些五言绝句？

3.柳宗元的《江雪》道出了诗人内心的孤寂，孟浩然的《春晓》表达了什么？

4.《春晓》表达了诗人对春天的热爱和怜惜之情。与《江雪》的感情色彩完全不同。你能用学到的吟诵知识吟诵吗？

（九）课外延伸，培养兴趣

1.请同学们把今天学到的吟诵知识分享给爸爸妈妈。

2.有兴趣的同学，请找找其他的五言绝句，并学习吟诵。

■ 板书设计

江雪

【唐】柳宗元

千山/鸟飞/绝，万径/人踪/灭。（平长仄短）

孤舟/蓑笠/翁，独钓/寒江/雪。

［本课由陈建贞和作者共同设计，原载《中华活页文选》（教师版）2019年第7期］

《题西林壁》教学设计

【**教学目标**】

1.知识与技能目标：熟记《题西林壁》，理解诗意，认识几个繁体字。

2.过程与方法目标：掌握平仄规律，能跟随老师吟诵。

3.情感、态度、价值观目标：了解诗人的创作背景，培养吟诵的兴趣。

【**教学重难点**】

教学重点：吟诵规律的掌握。

教学难点：在吟诵中体会诗人的感情。

【**教学准备**】

1.制作教学课件。

2.准备吟诵音频。

【**课时安排**】

1课时。

【**教学过程**】

（一）**影片导入，畅谈庐山**

1.播放关于庐山风景的视频。

2.请学生谈谈对庐山印象最深的是什么。

3.教师小结，引出课题：

是的，同一座庐山，观察的角度不同，印象就不同。正所谓"仁者见仁，智者见智"。今天，我们就来学习一首关于庐山风景和人生哲理的诗《题西林壁》。

（二）**简繁对照，识记字形**

1.课件出示书法作品《题西林壁》，教师同步朗诵《题西林壁》。

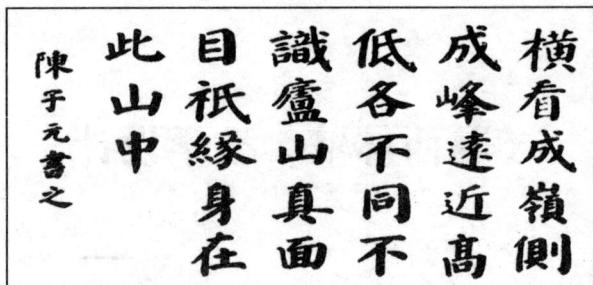

2. 学生边听边看，请学生从书法作品中找到"岭、侧、远、识、庐、只、缘"这几个字。

3. 认识繁体字"嶺、側、遠、識、盧、祇、緣"，对比简繁字体的异同。

4. 问题探究：为什么书法作品中经常使用繁体字？

5. 教师小结：一般来说，书法作品都是繁体字的。因为书法自古就有，在古代，繁体字是通用字，而简体字是中华人民共和国成立后才推广的。所以我们看到的书法作品大多沿袭了古代的用字习俗。如今，我们要学习书法，必须临帖、入古，才能得其精髓。毕竟，繁体字确实比简体字有更丰富的内涵。

（三）逐句吟诵，掌握方法

1. 古人写字用繁体字，古人念诗用吟诵。

2. 播放王恩保先生和张卫东先生的吟诵，请学生认真听，并找出两者吟诵的区别，完成下表。

吟诵者	节奏	重读的地方	喜欢的理由
王恩保			
张卫东			

3. 学生分组交流，教师进行补充。

这是一首平起首句入韵的七言绝句。王恩保先生的吟诵注重对"二四四二"规则和诗文原意的把握。"岭"略作延长，把首句分为横看和侧看两个部分；吟诵者强调了"侧"字，把这个入声字吟得很重，强调从侧面看的重要；"成"与"峰"之间也有一个小节奏点，"峰"字延长，突出庐山侧看为绵绵高"峰"的形象。第二句把"各"与"不同"分开，按吟诵规则不仅因为"各"是入声字，更照顾了"不同"作为一个词在词义上的关联。因为按吟诵规则，应该"各不"两个字在一起，按词义要求，应该把"各""不"分开。第三句突出"真面目"，尤其是"目"字，强调对于庐山本来风貌的把握。"庐山真面"是人们追求的目标，这个成语就是从这句诗简化而来，从这个意义来讲，这首诗最重要的转折点是在这儿，也是吟诵者要关注的地方。第四句分为"二五"的节奏，把表原因的连词"只缘"和原因的内容"身在此山中"分开，既符合规则，也符合诗意。全部吟诵平铺直叙，缓缓引来，从容不迫。"只缘身在此山中"是诗的结论，实际的意思是当事者迷，这个结论被吟诵者自然平淡地表达出来，说明任何真理都是朴素的。

再听张卫东的吟诵，通篇基本按照"四三"格律。起句节奏较慢，突出了"横看""侧成"两个角度，"岭"字按照上声习惯延长，而强调"峰"的涵咏与高起，却把"横看""侧看"的庐山形状通过声腔微变更具形象化。"远近高低"以字韵行腔的抑扬变化表现出观察的角度不同。第三句"真"的切韵咬字比较紧，润腔低回委婉，而"面目"运用去声和入声的规范则加以强调，突出对庐山全景的认识。第四句"山中"二字长吟收尾，突出不能识得庐山全景的原因是置身庐山却不知庐山全貌的意境。

4.学习王恩保先生的吟诵。

（1）教师逐句示范，学生小声跟着吟诵。

（2）对照平仄规律，教师着重指导：每一句的节奏点上的字都是平声，王恩保先生都读得比较长，遵循了平声延长读音的特点。"侧"是入声需重音，强调从侧面看的角度；"成"与"峰"之间有个小节奏点，延长"峰"字，突出庐山侧看为绵绵高"峰"的形象；"各""不同"需分开；突出"真面目"，尤其是"目"字，强调对于庐山本来风貌的把握。末句采用"二五"的节奏。

（3）学生分组学习吟诵。

（4）小组展示，教师点拨。

（四）串讲诗意，感悟哲理

1.在这首诗中，有两句蕴含了深刻的哲理，你知道是哪两句吗？

2.教师出示并吟诵：不识庐山真面目，只缘身在此山中。

3.你是怎样理解这两句诗的？

4.你知道苏轼为什么会写下这首诗吗？

相传宋神宗元丰七年（1084年）七月，苏轼与好友参廖同游庐山西林寺，应住持和尚之请，在寺壁上题下了这首诗。前两句诗人从不同角度描写庐山，写出了庐山苍茫雄伟的气势：从正面看，是层层相连的山岭；从侧面看，是座座相依的山峰；从远处、近处、高处、低处，都能得到不同形状的庐山。同一座山带给人如此不同的视觉感受，但这些感受里哪一个又是真正的庐山呢？后两句紧接着借景明理：因为身处在庐山之内，视野受到限制，所以无法窥见它的全貌，认清它的本来面目啊！后两句是千古名句，常被用来比喻为想要深刻地认识事物的本原，一方面必须对事物有整体的把握、深入的观察和细致的了解；另一方面"当事者迷"又是我们应该警惕的。

全诗自然平淡，意境高远，富含哲理，但所用的语言却异常浅显、深入浅出，这正是苏轼的语言特色。苏轼写诗，全无雕琢习气。诗人所追求的是用一种质朴无华、通畅流利的语言表现一种清新的、前人未曾道的意境，而这意境又是不时闪烁着荧荧的哲理之光。

5. 听完教师的介绍，相信大家对这首诗的理解会更深刻。请大家再次吟诵这首诗。

6. 学押韵。

（1）教师讲解何为"押韵"。

刘勰在《文心雕龙》中说："同声相应谓之韵。"在一首诗里，使用同韵的字，放置在句的末尾，使之产生一种声音回环的和谐感觉，这就是"押韵"，由于押韵字都放在句尾，故又称"韵脚"。押韵时，可以逐句押、隔句押、隔数句押，这就构成一种用韵的方式或"韵律"，使诗句悦耳动听，作品更有整体性，方便记忆和流传。同时，韵和平仄结合，在中国诗里形成了"节奏"，更好地表情达意。

诗的押韵限于同声调，例如平声与平声可押，但与上、去仄声调就不可押，入声只可与入声押韵。今天普通话吟诵要判断一首诗押的是什么韵可以参照"十三辙"，它符合当今现代普通话的语音系统。

（2）请学生读一读《题西林壁》，看看这首诗押的是什么韵？

（3）学生交流汇报，教师小结：本诗押的是中东辙的"东"韵，几个韵尾字都属于平声。

（4）请大家与教师一起合作吟诵《题西林壁》，体会诗的韵味。

（五）拓展延伸，活学活用

1. 我们之前还学过一首陆游的《游山西村》，诗中同样有两句蕴含哲理的句子，还记得吗？

2. 教师出示：山重水复疑无路，柳暗花明又一村。

3. 谁能简单讲讲这两句诗的意思？

4. 讲得真好！我们能否参照"不识庐山真面目，只缘身在此山中"的吟诵节奏，把"山重水复疑无路，柳暗花明又一村"这两句吟诵下来呢？

（六）课外延伸，培养兴趣

1. 请学生把今天学到的吟诵知识分享给爸爸妈妈。

2. 有兴趣的学生请对照录音学习张卫东先生的吟诵《题西林壁》。

3. 尝试吟诵陆游的《游山西村》。

板书设计

题西林壁

【宋】苏轼

横看成岭侧成峰，远近高低各不同。（押韵）

不识庐山真面目，只缘身在此山中。

《忆江南》教学设计

【教学目标】

1. 知识与技能目标：熟记《忆江南》，理解诗意。

2. 过程与方法目标：掌握平仄规律，能跟随录音吟诵，并能自行吟诵《忆江南（二）》

3. 情感、态度、价值观目标：了解诗人的创作背景，培养吟诵的兴趣。

【教学重难点】

教学重点：吟诵规律的掌握。

教学难点：在吟诵中体会诗人的感情。

【教学准备】

1. 制作教学课件。

2. 准备吟诵音频。

【课时安排】

1课时。

【教学过程】

（一）故事引入，积累名句

1. 播放一组关于江南风光的视频，教师讲述乾隆六下江南的故事。

清朝乾隆皇帝曾于乾隆十六年（1751年）、乾隆二十二年（1757年）、乾隆二十七年（1762年）、乾隆三十年（1765年）、乾隆四十五年（1780年）、乾隆四十九年（1784年）六次巡幸江南，一般每次都要到江宁府（今南京市）、苏州府、杭州府、扬州府，后四次还巡幸了浙江的海宁。乾隆帝的祖父康熙帝在位期间也曾六次巡视江南。

乾隆十四年（1749年）十月初五、十七，乾隆帝弘历相继下了两道上谕，讲述欲于十六年巡幸江南的原因，大致有四点：一是江浙官员代表军民绅袗恭请皇上临幸；二是大学士、九卿援据经史及圣祖南巡之例，建议允其所请；三是江浙地广人稠，应该前去，考察民情戎政，问民疾苦；四是恭奉母后，游览名胜，以尽孝心。

2. 江南的确风景迷人，自古便是文人墨客的留恋之地。同学们，我们学过哪些描写江南的诗句？

3. 教师出示PPT，让我们一起在诗词中与江南相遇：

江南逢李龟年

年代：唐　　作者：杜甫　　体裁：七绝

岐王宅里寻常见，崔九堂前几度闻。正是江南好风景，落花时节又逢君。

江南

年代：汉　　作者：汉无名氏　　体裁：乐府

江南可采莲，莲叶何田田。鱼戏莲叶间，鱼戏莲叶东，鱼戏莲叶西，
鱼戏莲叶南，鱼戏莲叶北。

江南曲

年代：南北朝　　作者：柳恽

汀州采白苹，日落江南春。洞庭有归客，潇湘逢故人。
故人何不返，春华复应晚。不道新知乐，只言行路远。

玉楼春

年代：宋　　作者：晏几道　　体裁：词

红绡学舞腰肢软，旋织舞衣宫样染。织成云外雁行斜，染作江南春水浅。
露桃宫里随歌管，一曲霓裳红日晚。归来双袖酒成痕，小字香笺无意展。

（二）引出课题，学习吟诵

1. 诗词中的江南景美、人美、情美！唐代诗人白居易写了三首《忆江南》，将江南的美逐一道来。

2. 教师出示三首《忆江南》的PPT：

忆江南三首

其一

江南好，风景旧曾谙。日出江花红胜火，春来江水绿如蓝。能不忆江南？

其二

江南忆，最忆是杭州。山寺月中寻桂子，郡亭枕上看潮头。何日更重游！

其三

江南忆，其次忆吴宫。吴酒一杯春竹叶，吴娃双舞醉芙蓉。早晚复相逢！

3.教师朗诵《忆江南》其一，学生朗读其二和其三。

4.今天我们一起来学习吟诵《忆江南》其一。

（1）播放杨芬吟诵的《忆江南》和张卫东吟诵的《忆江南》，请学生认真聆听。

（2）学生分组讨论：两位老师的吟诵区别在哪里，更喜欢谁的吟诵？并完成下表。

吟诵者	节奏	重读的地方	喜欢的理由
杨芬			
张卫东			

（3）学生交流汇报。

5.指导学生学习杨芬老师的吟诵。

（1）逐句标示平仄。

这是一首词体，其词谱是：平平仄（句），平仄仄平平（韵）。仄仄平平平仄仄（句），平平仄仄仄平平（韵），仄仄仄平平（韵）。

（2）请学生说一说词与诗有什么不同？

教师小结：句的特征是长短不齐，故又称长短句。词的句子的平仄，每句都要按照词谱的要求来填写，它的平仄有严格的规定。这首词用的是五言律诗和七言律诗的平仄格式。

（3）这首词写出了江南美丽的风光，诗人作词时的心情如何？

教师小结：对，所以我们在吟诵这首词的时候就应该用轻快的节奏。

（4）听老师吟诵，找出节奏。

这首词的节奏是：二二四四，最后一句是二二一。我们不妨拍拍手试试。

（5）小组练习并展示。

教师注意点拨：这首词首句自由抒情，充满了怀念江南的深情。在"江南"两字悠长的拖腔声韵中，吟咏出江南的秀美，倾吐出满腔的兴致与喜悦。"风景旧曾谙"可自然缓缓道来。三、四两句是对偶句，"日出"两字入声，出音短促，如笔锋一转，至下句对仗呼应，其律动更加紧凑起来，直至末字"蓝"再把腔韵甩开而缓缓落下。末句点题，吟诵"不""忆"两个入声字，恰好带有疑问的顿挫感，最后收音再一次歌唱性地吟咏出"江南"，带来一种悠远深长的韵味，进入余情摇漾的意境中。此吟唱具有江南音乐的秀美和柔婉之风。

（三）借助注释，释题释义

1. 全体学生一起吟诵《忆江南》。

2. 借助注释，串讲诗意。

3. 教师出示释义。

忆江南：唐教坊曲名。作者题下自注说："此曲亦名'谢秋娘'，每首五句。"按《乐府诗集》："'忆江南'一名'望江南'，因白氏词，后遂改名'江南好'。"至晚唐、五代成为词牌名。这里所指的江南主要是长江下游的江浙一带。

谙（ān）：熟悉。作者年轻时曾三次到过江南。

江花：江边的花朵。一说指江中的浪花。红胜火：颜色鲜红胜过火焰。

绿如蓝：绿得比蓝草还要绿。如，用法犹"于"，有胜过的意思。蓝，蓝草，其叶可制青绿染料。

4. 如此美丽的江南风光，你想用什么词语来形容？

5. 教师简述创作背景。

白居易曾经担任杭州刺史，在杭州两年，后来又担任苏州刺史，任期一年有余。他在青年时期曾漫游江南，旅居苏杭，对江南有着相当的了解，故江南在其心目中留有深刻印象。当他因病卸任苏州刺史，回到洛阳后十余年，写下了这三首《忆江南》。

第一首泛忆江南，兼包苏、杭，写春景。全词五句。一开口即赞颂"江南好！"正因为"好"，才不能不"忆"。"风景旧曾谙"一句，说明江南风景之"好"不是听人说的，而是当年亲身感受的，体验过的，因而在自己的审美意识里留下了难忘的记忆，既落实了"好"字，又点明了"忆"字。接下去，即用两句词写他"旧曾谙"的江南风景："日出江花红胜火，春来江水绿如蓝。""日出""春来"，互文见义。春来百花盛开，已极红艳；红日普照，更红得耀眼。在这里，因同色相烘染而提高了色彩的明亮度。春江水绿，红艳艳的阳光洒满了江岸，更显得绿波粼粼。在这里，因异色相映衬而加强了色彩的鲜明性。作者把"花"和"日"联系起来，为的是同色烘染；又把"花"和"江"联系起来，为的是异色相映衬。江花红，江水绿，二者互为背景。于是红者更红，"红胜火"；绿者更绿，"绿如蓝"。

题中的"忆"字和词中的"旧曾谙"三字还说明了此词还有一个更重要的层次：以北方春景映衬江南春景。全词以追忆的情怀，写"旧曾谙"的江南春景。而此时，作者却在洛阳。比起江南来，洛阳的春天来得晚。作者写于洛阳的《魏王堤》七绝云："花寒懒发鸟慵啼，信马闲行到日西。何处未春先有思，柳条无力魏王堤。"在江南"日出江花红胜火"的季节，洛阳却"花寒懒发"，只有魏王堤上的柳丝，才透出一点儿春意。

6. 再次吟诵《忆江南》。

（四）拓展延伸，活学活用

1. 请学生根据今天学过的《忆江南》其一的吟诵方法，小组自行吟其二、其三。

（1）分别给其二、其三标示平仄。

（2）小组练习吟诵。

（3）分组展示。

2. 全班吟诵三首《忆江南》。

（五）课外延伸，培养兴趣

1. 请学生将今天学到的吟诵知识分享给爸爸妈妈。

2. 有兴趣的学生请练习吟诵汉乐府《江南》。

板书设计

忆江南

江南好，

平平仄（句）

风景旧曾谙。

平仄仄平平（韵）

日出江花红胜火，

仄仄平平平仄仄（句）

春来江水绿如蓝。

平平仄仄仄平平（韵）

能不忆江南？

仄仄仄平平（韵）

绘本故事《石头汤》教学设计

【教学目标】

1. 通过读一读、议一议、猜一猜的方法读绘本，揣摩图意。

2. 在阅读交流中感悟"幸福就像煮石头汤一样简单"。

3. 培养学生的阅读兴趣。

【教学过程】

（一）谈话导入，揭题质疑

1. 同学们，还记得我们读过的绘本故事吗？

2. 还想读绘本吗？今天老师带来了一个，谁来读书名？

3. 看了书名，你有什么疑问？

4. 简述作者和作品：

石头汤的故事原本是一个欧洲的传说，这个故事有很多版本，可以溯源到法国、瑞典、俄罗斯、英国、比利时和其他一些国家。在大家最熟悉的故事版本中，汤是用石头煮的。看封面，我们今天阅读的这个故事是一个叫琼·穆特的美国作家绘图、撰文的，里面的人物是中国的，故事也发生在中国。大家想读吗？

（二）同读绘本，悦读分享

1. 辨析图片，感受气氛

出示两张图片，问："这两张图片有什么不一样？"

过渡：这个故事就从寒冷的冬天开始。

2. 读读议议，感受冷漠

播放PPT，让学生自由朗读，回答以下问题：

（1）故事的主人公是谁？他们主要讨论的问题是什么？

（2）这个村庄的村民有什么特点？是什么原因导致的？

（3）仔细观察图片7的人物，他们有什么共同的特点？这个特点让你想到

了什么？（板书：封闭自我）

（4）既然是这样，和尚们进到村庄会遇到怎样的情况？图文对照，看看与你设想的一样吗？

3. 边读边猜，感受慷慨

继续播放PPT，师生一边读一边猜，相机解决以下问题：

（1）在接二连三地吃到闭门羹以后，和尚们做出了一个决定，是什么？

（2）这就回到了我们前面提到的问题：石头能煮汤吗？煮石头汤就能幸福吗？你觉得呢？

（3）接着看。学生分角色读小女孩与和尚们的对话。当小女孩推着大缸走出家门时，邻居们有什么反应？当炊烟升起的时候，邻居们又怎么做？如果你是窗门后面的人，你会想什么？（板书：走出家门）

（4）在阿寿的引导下，村民们分别拿出了什么？

（5）通过图片17，你希望看到什么？闻到什么？村民们又看到了什么？闻到了什么？想到了什么？仔细读读文字。

（6）汤味越来越浓，请问汤里有了什么味？不是石头汤吗？怎么有了这么多味道？村民们为什么舍得拿出这些东西来？（板书：慷慨好施）

4. 揣摩画意，感受快乐

（1）石头汤做好了，村民们会怎样品尝这锅鲜美的石头汤？

（2）让我们看看画面，跟你们想的一样吗？这个画面让你想到了什么词？你能用自己的话说说这热闹的场面吗？

（3）出示图片21，村民的前后表现有什么不同？为什么？（板书：共享幸福）

5. 走进结局，品味幸福

（1）天下无不散之筵席。离别的时候到了，请大家读图片23。

（2）讨论：村民说的"你们带来的礼物"指的是什么？

（3）快速回看，找一找，是谁把村民们带到了这口幸福的大汤锅边？用和尚们的话来说，这是个简单的女孩子。因为简单，所以她对和尚们产生了好奇；因为好奇，所以她打开了紧闭的房门走了出来，靠近了和尚们；因为靠近了和尚们，所以她会急和尚之所急，从妈妈那里弄来了一口大锅；也因为这口大锅，把村民们都吸引了过来，个个慷慨好施，共同熬制了一锅鲜美的、幸福的石头汤！

（4）难怪和尚们说"幸福就像煮石头汤一样简单"。你觉得幸福是什么？请写下来：

　　幸福是简单的，就像＿＿＿＿＿一样。

（5）故事的末尾还有两幅图，你能猜出作者想说的话吗？

（三）拓展延伸，理解真谛

如同大家说的，也正如和尚们说的"幸福就像煮石头汤一样简单"，村民们在熬制石头汤的过程中懂得了慷慨好施，才能共享幸福。正所谓"赠人玫瑰，手有余香"，让我们一起读一读屏幕上关于分享获得快乐幸福的句子吧！

（四）鼓励创作，施展才华

阅读这个故事之前，我们说过这个故事有很多版本，可以溯源到法国、瑞典、俄罗斯、英国、比利时和其他一些国家。在别的版本中，也有用钉子、斧头，甚至用骨头纽扣来煮汤的。另外，还有一些相似的故事，比如在牙买加有造汤锅的故事，在韩国有神奇糕点树的故事，在菲律宾有讨钱帽的故事，它们表达的主题都是"幸福是简单的"。如果你有兴趣，可以从老师刚刚提到的那些版本中选一个，创作一个小故事，展示你的才华。你愿意吗？

板书设计

绘本故事《石头汤》

封闭自我→走出家门→慷慨好施

（共享幸福）

下 篇

研 究 篇

有匪君子，如切如磋，如琢如磨。——《诗经·卫风·淇奥》

本篇收录的是作者在研修、研究路上的所见、所思、所感、所得，呈现的是作者对教育改革、教学改革以及教师发展等方面的思考。

南京、苏州、上海研学日志

听杨启亮教授的讲座有感

今天上午，有幸聆听了南京师范大学博士生导师杨启亮教授的讲座，受益良多。没有精美的PPT，没有华丽的辞藻，只是拿着一只手表，对着麦克风，三个小时侃侃而谈，丝毫不显疲劳。杨教授以犀利的视角、深入的分析、生动幽默的语言和精彩的案例，深入浅出地剖析了国内基础教育的现状，勾起了大家的疑惑与思考，引起了我们50多人对于基础教育的共鸣。

杨教授一开始就具体地解释了"普适"与"朴素"两个词，从这两个词的解释中，我们弄清了当今中国教育存在的一些本末倒置的现象，特别是大家都在嚷嚷"别让孩子输在起跑线上"，却又不知道这条起跑线是什么。说实话，我非常不愿意听到这句话。如今，大家都把高考当作了孩子学习的结束，殊不知，参加了高考之后，孩子们的较量才真正开始。但我们身边很多人不明白这个道理。看着小学、幼儿园的家长着急地替孩子找家教，送辅导班，还理直气壮地说"别让孩子输在起跑线上"，我就觉得无奈，替孩子可怜。家长为了面子，不惜牺牲孩子的休息时间和游戏时间，而家长和一些专家却依然津津乐道"别让孩子输在起跑线上"。这究竟是谁的错？虽然近几年很多地方都不允许对高考状元进行宣传，但每年放榜的时候，各所中学不一样在校门口挂上这样那样的横幅、条幅，有哪个学生考出了好成绩，大家就大肆宣传报道，甚至连小学教师、幼儿园教师也出来谈感受，送赞歌。其实想想，此时我们的赞美和褒奖极有可能把学生推向一个极端，就如同杨教授提到的种花的道理一样，过分地关注，花儿很容易失去生命。或许是大家都在急功近利，所以我们的基础教育也是如此，幼儿园要求学生出类拔萃，小学要求学生杰出，中学要培养学生成为世纪的领跑者……诸如此类的想法和做法都背离了教育的本真：教育，尤其是基础教育，应该培养具有强健体魄、责任感和生存本领，具有国民素质的社会公民。我想如果大家都明确了这个，就不会要求学校要办出特色；也不会集中财力、人力、物力去打造精英学校，抬高优质教育的门槛；更不会设置那么多的评估，使得教师不务正业。

回到杨教授的讲座中，他在解释了两个词语之后，又具体阐述了自己为什么会有这样的主张——让基础教育回归朴素和普适，为什么要主张回归，以及教育的目的、课程的设置、方法的思考，最后杨教授归纳了三句话，就是教育要追求三个自然：教学自然——去浮华，求朴素，不要把简单的复杂化；儿童自然——尊重每一个儿童的独特个性，因材施教；教师自然——解放教师，让教师有时间去自由思考、去探索，而不是要求教师都成为一个模样，失去了本真发展。三个看似简单的"自然"，实则不简单。它需要教育工作者具有一颗朴实的心，遵循生命个体的自然生长规律，采取一切对生命发展有益的手段，让学生顺其自然地发展。

三个小时的精彩讲座让我们意犹未尽。感谢杨教授，让我们可以从另一个角度去审视自己的教育行为，去反思今天的小学老师该教给学生什么。

（2012 年 12 月 16 日）

教师专业发展的沃土

今天的南京，天空依然是阴沉沉的。寒风中，我们参观了两所位于南京市区的省级名校——南京市夫子庙小学和长江路小学。

"青砖小瓦马头墙，回廊挂落花格窗"。古朴清幽的校园环境，极具匠心的育人氛围，一草一木、一砖一瓦、一字一句，无处不承载着对历史的追思，无处不闪烁着对未来的憧憬，这就是孔韵流芳、人文底蕴深厚的夫子庙小学。

聆听着校长对学校发展的介绍，流连在古色古香的"孔子学院"，感触最深的就是夫子庙小学在教师专业成长方面的举措。学校以个体进步为目标，成立了教师团队成长坊——"孔子书院"；针对不同教龄的教师需求，设立了青年教师的"博学坊"、骨干教师的"思辨苑"、名特优教师的"聚星轩"等，还成立了民间的教研联盟，给青年教师创造了更多展示的机会。借助这些平台，夫子庙小学的教师们彼此学习、坦诚交流、合作互助，不断提升专业素养，完善自我。相比我自己的成长，不也是因为有着一个个平台，才得以不断地成长、进步吗？我现在也在指导青年教师，也在带徒弟，夫子庙小学的很多做法都值得我借鉴。

下午，我们来到了长江路小学。相比夫子庙小学，这所小学比较现代化。走进校园，迎面而来的三位小导游清晰地给我们介绍了他们的校园，看着三个小朋友自信的笑脸，不由得感叹学校对学生自主管理的成效。正如校长在介绍中所说的"长江路小学的学生灵动而快乐，纯净而活泼"。允许学生保留其儿童的天性，学得快乐，学得自在，不能不说是学校管理的成功。我也去过一些学校，一听说有人来参观、检查，就不许孩子跑跑跳跳，弄得孩子不像孩子，失去了儿童的天性。在长江路小学，我看到了学生的灵动快乐、纯净活泼。

在与语文科组的教学研讨中，我非常佩服他们的特级教师王兰老师，虽已年近90，但精神很好，每天坚持早上回工作室，关心指导青年教师的成长。在她的工作室里，我们看到了王老师的台历，上面密密麻麻地记录着她每天的工作：听一年级三位老师的课，给老师们评课，研讨等，对于一位年近90岁高龄的老者，是什么让她如此眷恋校园？是什么让她如此牵挂青年教师？我想一定是她对这份事业的热爱之情。从工作室内悬挂的照片中，我们认识了这位可亲可敬的老人，她工作室内简朴的陈设，又让我们对她多了几分钦佩。听着她的第二代弟子讲述她的点点滴滴，我们更是从心底敬仰这位特级老教师的为人。而长江路小学也充分利用这份资源，通过名师工作室的带动，成功组建了学校的"骨干工作站"，利用骨干教师的辐射引领作用，打造了一支素质精良的教师队伍。

两所学校，各有各的特色。但在教师专业发展方面，又有着相同的出发点，相似的举措，也难怪这里的教师成长得这么快。从我们听的两节数学课中已有体会。我虽不是数学老师，但我还是挺欣赏两位数学老师的气质，一位阳刚、直爽；一位清新、柔美。尤其是下午执教的方芳老师，虽然只有三年的教龄，教学设计上也有许多不尽人意的地方，但我们可以看到学校是方老师这些青年教师快速成长的沃土。

感谢两所学校带给我的收获。

（2012 年 12 月 18 日）

苏州印象

经过昨晚三个小时的车程，我们从南京赶到了苏州。这是我第二次来苏州，距离上一次已经有十多年了，脑海里早没有了对苏州的印象。

今早，在凛冽的寒风中，我们走进了江苏省新苏师范学校附属小学。前来迎接的学校领导带着我们去了多功能厅，听了一节语文课和一节数学课，学校校长还亲自向我们介绍了学校的情况，抓教学教研的冯主任也详细地解读了学校的课题《小学生课堂自主学习引导与管理》。通过介绍我们了解到这是一所百年老校，一直走在教研教改的前沿。学校领导非常注重教师的专业发展，为教师搭建了许多平台帮助教师成长。让我印象最深的是这所学校的实干精神，为了探索高效教学的途径，他们结合教学实际提出问题，并分三个阶段进行实践：第一阶段，把课堂还给学生；第二阶段，研究教师主导作用的有效发挥；第三阶段，"自主引导"式高效课堂教学模式的探究。由于他们是在反复的实践中不断验证，所以有的课特色不显著，但师生的高素质却是有目共睹的。

下午，我们去了另一所规模宏大的学校——苏州金阊新城实验小学。一走进校门，我们从心底里感受到了学校领导和教师的诚意。在学校教师的引导下，我们一行人听了课，参观了校园文化，聆听了校长对办学理念的解读。这所学校真的很美。校园环境美，师生精神面貌佳。我们徜徉在校园里，流连在设备精良的多功能室内，一边佩服着苏州政府对教育的大投入，一边又感慨自己所在区域的教育投入现状。金阊新城实验小学是一所前进中的学校，有先进的办学条件，有优质的师资力量，提出了"和合"精神的校园文化主题。虽然在校园文化与学科教学的结合和渗透方面尚未有周详的考虑，但我们相信，几年后，这所前进中的学校就会成为一所优秀的窗口学校。

连续两天的学校考察，让我从心底里认同江苏在教师专业成长方面的做法，正是因为他们一直重视教师的专业发展，他们的基础教育才能领先于国内，成为大家学习和效仿的榜样。

（2012 年 12 月 18 日）

111

上海印象（一）

今天一大早，我们一行四十多人来到了位于松江新城谷阳北路的上海师范大学附属外国语小学，收获颇丰。

这是一所只有十年办学历史的学校，但在这十年里，他们借助上海师大的优势，成功地打造了一所航母级的学校，学校在教育、教研、师资培训、课题研究、学生特长培养、校园文化等诸多方面都形成了自己的特色，学校的语文、英语、数学三大科组也成为市里的领头羊。听了学校领导的介绍，漫步在校园内，用心感受着师大附属外国语小学师生的热情、有礼。

在附小待了短短一个上午，印象最深的是听了一节效果极佳的校本课程。上课的是刚休完产假的金老师，她选择了三年级校本拓展课程教材，讲的是成语故事《东施效颦》。

一节40分钟的课，金老师带着学生读懂了成语故事，弄清了《东施效颦》的教育意义，多角度地解读了"美"的内涵，进行了"美"的教育，拓展了多个相关小知识，课堂容量非常大。我们一边听，一边记，一边赞叹附小学生阅读积累的厚度、口语表达的流畅、学习兴趣的浓厚，一边又深深佩服执教的金老师教龄不长却具有极好的教材处理能力和课堂驾驭技巧。尤其是课中，金老师让学生展开想象，分别写写小孩、老人、男人、女人见了东施的反应。学生们写得都不错，都直接表达了自己的看法，但我们听着却觉得有些不对劲，觉得学生一味地避让、辱骂，是否偏离了我们认可的价值观。正在我们疑惑的时候，金老师轻轻一问："东施的容貌、行为固然是丑的，但我们骂人的行为就美吗？"这样一个简单的问题，马上就把学生原本偏离了的价值观扭转了过来。接下来金老师顺势让学生来告诉东施什么是美，她怎样才能美，又通过拓展阅读帮助学生认识西施的"美"和其他三大美人的"美"。这一个个环节下来，让学生真正认识了美，又积累了许多课外知识和成语。这节课，我们听得很陶醉，随着金老师和学生一起认识了美、感受了美、欣赏了美、品味了美。课后，我最大的感受就是附小的校本拓展课真的是立足于拓展，实实在在地进行拓展，这是基于学生培养学生语文素养的前提。

我相信任何一位附小的语文教师上的语文课都是如此出彩，因为在后来的交流中，我不止一次听到这样一句话"培训是给老师最大的奖励"，相信但凡是重视教师培训的学校，都会取得像上海师大附小这样辉煌的成绩的。

（2012 年 12 月 20 日）

上海印象（二）

今天，我们继续在上海的学校参观交流。上午参观的是上海市日新实验小学，给我留下了深刻的印象。

上海市日新实验小学创办于2003年，是由上海师范大学中小学教育研究所和闵行区教育局联合创办。汇聚了高水平的教师和国内外一流专家，以"为学生的一生发展奠基"为办学宗旨，精心开设一系列课程：扎实的基础课程立足于开发潜能、提高水平；精致的校本课程着眼于拓宽基础、提升素养；丰富的兴趣社团专注于发展个性、培养特长。更有多彩的校园生活、社团互动和野外考察等实践活动，促进学生全面发展，以应对未来世界的挑战。

半天的参观，我心里一直重复着一句话：孩子就应该送到这样的学校。最有感触的是学校在办学过程中，并不刻意抓教学质量，而是着重于促进学生的全面发展，培养学生的生活技能、创新能力和社会交往能力，但学校的教育质量却出奇的好。我感觉上海市日新实验学校的教师真是幸福，能专心致志、不急不躁地从事着教育的工作。反观我自己，天天在学校里忙忙碌碌，一会儿一个评估，一会儿一个检查，就是无法集中精力去搞好自己的教育教学工作。我多么希望我也能在这种宽松的环境中、有趣的游戏中、丰富的活动中培养学生的生活技能、社会交往的能力以及创新的能力。然而，这样的理想在现实中却较难实现。所以，我特别欣赏上海市日新实验小学的办学理念、办学思想和办学路子，我们感觉到他们真的是实实在在地办教育，真的是为孩子的人生奠基。

下午，我们又参观了另一所学校——上海师大第一附小，整洁的校园里处处洋溢着节日的气氛，精心设计的园林小景点缀其间，朝气蓬勃的学生在这里学会知识，学会做人。

在上海的这两天，我们既增长了见识，又切身感到了自己的差距。正所谓"多见者博，多闻者智"，在专业发展方面，我们真的需要多一些这样的机会，接触更多的学者、智者，了解更多教育前沿的信息。

在这个特别的冬至夜晚，衷心感谢项目组的精心安排，也衷心感谢连日来接待我们的学校！

（2012 年 12 月 21 日）

赴南京、苏州、上海三地七所学校考察报告

2012年12月15日至24日期间，广东省小学名教师培养对象一行40余人赴南京、苏州、上海三地考察了南京夫子庙小学、南京长江路小学、江苏省新宿师范学校附属小学、苏州市金阊新城实验小学、上海师范大学附属外国语小学、上海市日新实验小学、上海师范大学第一附属小学等七所学校，聆听了杨启亮教授、虞永平教授、惠中教授和冯震研究员4位专家主讲的专题讲座。10天的见闻，我们收获满满，现将本次考察的收获总结如下：

收获一：学非探其花，要自拔其根

10天来，我们所考察的七所学校都有自己鲜明的办学理念。办学理念是滋生于学校历史中的体现学校发展过程的文化精华，是学校的灵魂，它既要符合政策性原则，又要符合教育规律，还要体现与时俱进的特征。在交流中，我们发现这七所学校的办学理念都离不开"以人为本"四个字。而教育本身就是要做好人的工作，如果工作中忽略了"人"这个主题，则任何花哨的教育教学手段都是无效的。七所学校的办学者都清晰地认识到这个问题，因此他们在办学中都十分注重发挥人（教师、学生、家长）的主体性、主动性，所以他们能办出校风严明、特色凸显的好学校。尤其是在上海考察的几所学校，他们都有上海师大作为办学的后盾，他们都有资深的教育学专家跟踪指导，他们都是在传承中求创新、求发展。所以，他们在办学中考虑更多的是如何让教师在专业发展方面获得更大的成就，如何让学生在教师的引导下顺其自然地成长、发展，各显其才。

我们天天谈素质教育，但实施素质教育必须是以更新教育观念为先导、为前提，否则，就不可能实施素质教育。摩尔公司的口号——希望你永远不要休

息，否则，你将永远休息。这句富有强烈哲理的话充分说明了社会人必须与时俱进。江苏、上海的基础教育之所以可以领先于全国，就在于教育者能与时俱进，不断更新自己的理念，树立正确的学校观、教师观、学生观、课程观，着眼于学生的全面发展，立足于学生的长远发展。

收获二：唯楚有才，于斯为盛

江南自古出才子，到了南京、苏州和上海，才发现这三个地方更是人才济济。七所学校都向我们提供了研讨交流课，上课的教师教龄都不长，基本都在5年左右，却都十分老练。他们独特的教材解读，精心的教学设计，精彩的师生互动无不让我们叹服。而我们叹服的不仅仅是教师的大气、沉稳、成熟，更多的是教师个人背后的教学团队。这七所学校里，都各自有他们的教学团队，这些教学团队本着研训结合，教学相长的目标，结合每位教师的特点，给教师制订了专业发展的方案，通过各种方式帮助教师在专业发展方面获得成就：或师徒结对，以老带新；或鼓励培训，提升技能；或提供平台，不断磨炼。不少青年教师就是在这样的机制下脱颖而出，比如夫子庙小学的程震老师，经验丰富，教风沉稳；南京长江路小学的方芳老师，勇于进取，教风活泼；新苏师范学校附属小学的两位老师基本功扎实，教风自然清新；苏州金阊新城实验小学的章老师，备课深入，教风朴实；上海师大附属外国语小学的金叶老师备课细致，教风扎实；上海日新小学的毛煦静老师不唯教材，注重知识的拓展延伸等。这些教师中，教龄最短的仅3年，教龄长的也不过十多年。是什么让这些学校的教师能在短时间内迅速成长呢？七所学校的校长在介绍学校情况时都不约而同地提到了教师培养的途径，也不约而同地把培训作为教师培养的重要手段，"博学坊""科组老师集体外出听课交流""读书沙龙""名师引领"等，在形式多样的培训中，教师间的差距就变得越来越小，校内的每一位教师就都能成为独当一面的品牌教师。从这一点来看，也就不难理解为什么这边的特级教师、知名教师特别多了。

收获三：各尽其能，各展其才

说实话，我非常喜欢这边的学生：知礼、阳光、大胆、好学。课堂上，学生们思维活跃，发言积极，表达流畅，课堂上时时迸发着智慧的火花。是什么让他们如此出类拔萃呢？我们可以从学校的培养目标中找到答案。南京长江路小学的和谐教育，让学生灵动而自然，纯净而活泼；上海日新实验小学的"为学生的一生发展奠基"，让学生各展其长；上海师大第一附小的"追梦、圆梦"研究，让学生彰显个性，各尽其能。每一所学校都注重树立正确的"学生观"，尊重学生，把学生作为一个个独立的个体，不求同，而是顺从孩子的发展规律，像农夫种花一样，给他们提供必要的养分和肥沃的土壤——极具特色的校本课程，让学生自然成长。

新课程改革中教材内容不减少，而课时减少之间的矛盾已凸显出来。但我们绝不能认为是教材的改朝换代，而是教育思想、教育观念、教学方法、教学模式、教师角色、学生角色、校本教材的研发诸多方面的改革，让我们充分认识到挖掘学生自身存在的学习潜能，改革教学方法，调动学生自主学习的积极性，是尊重学生主体地位的具体表现。

收获四：取长补短，相得益彰

百闻不如一见。这次江苏、上海之行，时间虽然短暂，但收获却不少。广东是一个经济发达的前沿地区，教育也在不断地发生变化。但相比之下，我们觉得现代化的教育理念还没有完全跟上，特别是课程的改革、学生学习主体性的体现、现代师生观等，广东的二、三线城市，很多还停留在比较肤浅的认识层面上。

然而，每一所学校的发展，有许多相同的因素，但是也存在地理条件、历史背景、人文素养等方面的差异。在考察学习中，对他人的好做法和好经验，我们要学习借鉴，但绝不能够盲目复制，要结合自身实际，对各方面因素进行论证分析。不加选择和分析的照搬照用，难免鹦鹉学舌、邯郸学步。

考察中，我深深地感受到一所学校不仅要有实力，还要有特色。实力是学校生存之基，特色是学校发展之本。教育既要有共性的东西，也要有个性的东西，办学特色彰显学校个性。但打造学校特色不是所谓的标新立异，搞另类，而是要从自身实际出发，结合学校自身特长，多方进行论证，让自己独特的个性绽放光芒。

考察中，我还发现教研教改开展得好的学校，教育教学质量就好。学校教研教改的方法手段很多，路子很广，但要真正走出属于自己的一条道路，一是必须认真考虑学生因素，从小学甚至是幼儿园开始，培养学生的良好思维习惯。二是必须考虑教师因素，要切实更新教师教育教学观念，使教师敢于突破自己的思维定式。三是要制定有效的制度，对教研教改给予一些政策引领和制

度支撑。四是要符合教育教学客观规律，脱离实际、背离规律的教研教改注定
要夭折。

此次考察真正是"读万卷书，行万里路，加高人指路"。短短10天，我收
获满满。今后，我将不断反思，取长补短，在教师的专业发展道路上追求更高
的目标。

台湾考察日志

追求卓越的教育

——台湾研习日志（一）

今天是2013年11月5日，早上9：00，我们一行64人在工作人员的带领下来到台北市立大学开始我们在台湾的研习课程。在简短的开训仪式后，我们聆听了三场精彩的讲座——来自台湾教育大学系统吴清基总校长的《优质学校教育的理念与实践》，来自"国立"台湾师范大学教育学系甄晓兰教授的《差异化教学》，来自台湾艺术大学艺术与人文教学研究所颜若映教授的《合作学习》。这三个讲座的主题看似独立，却又环环相扣，层层深入。

一、卓越的教育源自共同的愿景

台湾教育大学系统吴清基总校长在讲座中提到推动优质教育已是当前世界各地教育发展的共同趋势，建构优质的教育环境是教育改革的目标。"把每个孩子带上来"谈何容易，它需要教育部门、教育工作者关注每一个受教育者，使得每一个受教育者都能享受到相对公平的教育，包括教育资源、教育方法、教育评价。

于是很多国家和地区都有了优质学校的遴选。美国的蓝带学校从"宽进严出""调高门槛""师资培训和环境改造""社区、家校联动"几方面确保了学生拥有优良的学业成就，塑造了学校的优质形象；新美国高中则在其基础上增加了"重视教材深度""使用新的评量方法""学生学会服务学习""与大学建立合作"等举措打造自己的优质品牌。英国则通过评选"灯塔学校"来体现其卓越的教育成绩。"灯塔学校"需要有独具特色的学科课程、良好的学生管教、优异的经营管理、提供资优与特殊才能的教学、提供特殊教育措施、加强道德教育、反制暴力和霸权的策略等。日本的优质学校更注重灵活思考的培养，训练学生的国际观，鼓励学生用创意打造竞争力。中国香港地区、中国台湾地区也各自制定了杰出学校和优质学校的相关奖项和政策。中国内地也在做精品学校、特色学校的打造。无论是美国、英国、日本，还是中国，大家对优质教育的认识是一致的：优质的教育应该体现卓越性、绩效性、科技性、创新性，尽可能地实现人性化教育，而这正是教育的共同愿景——让更多的孩子享受更加优质的教育。

二、卓越的教育着眼于因材施教

由于学生个体差异的存在，就迫使我们要去关注教育的差异性。因材施教古而有之，两千多年前的孔子提出后沿用至今。

来自"国立"台湾师范大学教育学系的甄晓兰教授结合台湾地区即将推出的12年义务教育所必然会出现的"校际差异转化为校内差异"，从"差异化教学"的定义、原则、教材教法设计的依据、教学实践的层面、希望达到的目标等方面进行了深入浅出的阐述。甄教授用生动的案例告诉我们，面对学生不要忽视学生的文化差异，教学中要更多地考虑学生"能不能""会不会""要不要"，要针对不同层次的学生设定不同的教学目标，鼓励每一个学生进步。

尽管两岸的教育都存在教育期望过高导致教师拼命赶教学进度的现状，但要让我们的教育更加卓越，在面对不同的学生时，经过分解的目标就给了不同学习层次的学生更好的学习空间。这就跟我们经常听到的"不要让孩子输在起跑线上"正好相反，个体间的差异决定了起跑线的不统一。承认了这一点，我们就应该通过因材施教，让学生不要输在终点线上。

三、卓越的教育得益于合作分享

如果说因材施教让我们缩短了学生间的距离，那么合作互动就强调了学生学习的异质性。让学生在学习中学会合作与分享，有利于学生了解更多知识。

来自台湾艺术大学艺术与人文教学研究所的颜若映教授通过案例和实际操作向我们解读了合作学习的三种方法：STAD、TGT以及Jigsaw，并分析了教师在合作学习中的角色定位——提供不同的方法让学生从不同的资源平台中探讨、批判他们的思考。

在教学中，我们也非常重视学生的合作学习，毕竟合作分享的过程有利于促进学生间积极的互相依赖的关系，有利于学生习得社交的礼仪，有利于培养学生的团队意识。曾有人说："分享是一种博爱的心境，学会分享，就学会了生活。分享是一种思想的深度，深思的同时，你分享了朋友的痛苦。分享是一种生活的信念，明白了分享的同时，明白了存在的意义。"让学生学会合作与分享，我们的教育也会越来越卓越。

教育永远没有最好，教育只有在永无止境的探索中建构自我，在永不停步的发展中壮大自我。在台湾研习的第一天，三位教授从不同角度向我们阐述了"卓越教育"。我们将与"卓越教育"这艘航船同行，共同追寻教育之梦，让教师与学生真正能够过上一种幸福完整的教育生活。

（2013 年 11 月 5 日写于台北教师会馆）

问道治学，如切如磋，如琢如磨

——台湾研习日志（二）

今天是在台湾研习的第二天，天空偶尔还会飘着小雨，气温却比昨日上升了少许。吃过早饭，我们依旧来到台北市立大学进行主题研习。今天的任务是聆听四场精彩讲座：来自台北市立大学教育行政与评鉴研究所丁一顾教授的《教师专业学习社群》，来自台北市立大学教育行政与评鉴研究所王宝进教授的《行动研究实务》，来自台北市南港国民小学刘林荣校长的《班级活化经营》以及来自台北市胡适国民小学张世场教师和台北市麓山国民小学杨东升教师的《班级创意情境布置》。这四个主题其实是昨天研习主题的延续和细化。纵观七个主题，我们不难看出台湾教育者的严谨，他们治学问道的过程，就好比切磋玉石的过程。

治学是一件很严肃的工作，有意于治学者，必须付出你的真诚，而不能稍存苟且之心。王宝进教授以一个生动活泼的例子告诉我们，并不是所有披上袈裟的都是和尚，所以，也不是所有的人都能成为一名合格的教师，更不是所有的教师都能成为好教师。成为教师是一件功德无量的事，因此教师应敬畏此称谓。有位叫林世敏的居士在《佛教的精神与特色》一书中写道："在学校服务，为人师表，更要视学生如子弟，固然要将混杂广博的知识，去芜存菁，分析整理，尽心尽力地教授给学生，但教育的目的，并不仅仅在于知识的传授，最重要的还是在'传道''解惑'：用做人处世的道理教导他们，解答他们对于人生问题的疑惑，期能振聋发聩，增德益智，使同学们不但具有丰富的学识，同时更具有优良的品行、正确的人生观，能贡献所学，造福社会。"

王宝进教授从教育的意义开讲，结合具体的事例解析了不同阶段教师的任务：让学生读书——明白做学的意义——深究做问，其中具体结合到不同学历层次的教师对"洒扫应对进退"的态度浅显地阐释了"传道"的所谓"道"，继而深入讲到教师专业发展的趋势，进而讲到行动研究的具体操作，比较分析了"创新"与"噱头"的区别，最后归纳出教师追求的幸福不是一种结果，也没有具体的形态，它是看待事情的角度。短短两个小时的内容，让我们领略了王教授严谨治学的态度，实事求是的研究作风。

聆听丁一顾教授的讲座是一种愉悦的享受，两个小时里，会场上笑声不断，掌声此起彼伏。奇妙的魔术、幽默的表达、成功的案例、深入的分析让我们了解了优良教师受欢迎的原因：喜欢学生、喜欢任教学科、曾受到好教师的影响、是在用生命影响生命。一位好教师应该牢记五字箴言："问、想、做、得、思。"建议不同阶段的教师在专业发展中通过寻求伙伴的帮助，可以拥有共同的价值、目标和愿景，透过省思、对话、分享、讨论、合作学习可以精进自身的专业素养，促进学生的学业成效。建议教师要从自我关注的"冥思"成长为能影响学生的名师，最后成长为照亮自己，照亮别人的明师。丁教授课讲得好，学问和研究也做得好。从讲座中，我们也看到了丁教授严谨的治学态度和实事求是的研究作风。

《荀子·大略篇》云："人之于文学也，犹玉之于琢磨也。《诗》曰：'如切如磋，如琢如磨。'谓学问也。"两天的研习主题，让我收获满满。主讲教授和教师热爱着自己的专业，坚守在自己的研究领域中，如同打磨玉器一般，不断切磋、推敲、琢磨，把枯燥的理论转化成触手可及的经验。学习、研究、借鉴台湾教育专家的优秀教育思想、原理和方法，有助于提高我们自身的教育水平，我想这正是我们这次研习的目的所在。

（2013 年 11 月 6 日写于台北）

大礼不辞小让，细节体现素质

——台湾研习日志（三）

今天是在台湾研习的第3天。吃过早餐，我们一行来到台北的标杆学校——台北市国语实验国民小学（以下简称"国小"）进行观摩学习。"国小"位于南海学园的对面，紧邻植物园。该校以"良好的生活礼仪教育为经，学习共同体教育实验为纬"，建构"以学生为中心"、创造"卓越学习品质"为核心价值的学校教育。

初进校门我们就被家长志工队的欢迎仪式，"国小"国乐社团、说唱表演社团、弦乐社团的精彩演出以及会场的布置细节等深深感动。

接下来，我在五年级（9）班进行观课。做课教师是许淑贞，这是一节神话故事的形式深究课。上课形式与我们有较大的区别。教室内一共29名学生，课桌呈U字形摆放，师生之间有一块较大的交流互动空间。一开始，我并不太明白何为形式深究课，课时过半了才从许老师发下来的练习卷中看出了端倪。所谓的形式深究课就是组织学生理清文章脉络、学会构段方式、概括文章大意。课堂上，许老师讲得很少，就是通过小组的互动，让学生通过自我实践、小组研讨、达成共识的步骤逐渐掌握阅读的方法。课堂上有几处细节给了我很大的启发。第一个细节是许老师组织学生比较两名学生复述课文的效果时，让学生着重比较了两名学生回答问题的体位，眼睛所看之处，目的是告诉学生课堂上回答问题时要关注教师的PPT提示，这样有利于抓住问题的重点。第二个细节是在许老师组织学生分组运用节点连线法研究分段时，学生之间的有效互动。在我身边的小组共三名学生，他们非常有序地依次表达自己的看法，每一个学生在发表意见时都是彬彬有礼，既有表达自己的意见看法，又有对别人看法的阐释。我留意到这三名学生的分段都不相同，就好奇地问了其中一个，如何统一大家意见，小男生告诉我碰到意见相左时，就要想办法说服对方，达成共识。这时我留意到每个学生的课桌上都贴有名字，名字下方都有一张提示语：①对于××所提出的……我有不同的看法。我的想法是……原因是……②我原本的想法是……但是从××听到……后，我决定改变我原先的看法，我的想法是……理由是……③我的想法是……听了××的想法后，我更加确定我的想法是……千万别小看了这张提示语，它告诉学生在小组学习中怎样表达自己的看法，这非常重要！我们的小组学习往往会流于形式，最重要的一点是我们的学生不知道该怎样表达。"国小"的这种做法恰恰解决了这个问题。第三个细节是当大家基本就分段达成共识的时候，许老师没有就此停止，而是让存有异议的学生发表自己的看法，组织学生再次对比讨论，继而理据充分地说服这个存有异议的学生。这个环节，许老师做的是让这些个别学生不但要知其然，而且要知其所以然，这是对认真的学习态度的培养。第四个细节是，除了我们10多人进课室听课以外，课室里还有两位教师一直拿着纸笔在记录，他们时而走到学生旁边看看，时而蹲在学生身边记记，但一直保持着沉默，这与我们在观课中总是忍不住与学生交流有很大的不同。当时我还十分纳闷，在下午的讲座中，我找到了答案。那是教师们观课的艺术，站在学生旁边，留心记录学生的课堂表现，如举手次数，讨论效果，思考的准确度等，在课后把这些资料整理好交给授课教师，有利于教师调整教学方法，针对学生的差异性因材施教。第五个细节是下课之前，许老师发给学生一篇同名的文言文对比阅读，让学生找出两篇文章内容上的增减，进一步学会课文的写作方法。换作我们的话，我们也会在课堂上导入文言文，但我们用得最多的是让学生读一读了解一下，却未能向"国小"的教学团队一样思考得那么细致。

老子有句名言："天下大事必作于细，天下难事必作于易。""国小"在细节上的表现远不止这些：教室黑板上的"低声讨论，高度思考！"教室壁报后面的橱窗设计、男女学生档案夹的区分和摆放、走廊上花槽下摆放的拖把、学生娱乐区的温馨提示、低年级连廊天花板上的客家民谣，还有今天整个活动的组织等无不体现着"国小"师生良好的素质。

古人说得好："泰山不拒细壤，故能成其高；江河不择细流，故能成其深。"生活的一切原本都是由细节构成，而细节往往最容易被人忽视，然而就是这些不起眼的细节，看在眼里便是风景，握在掌心便是花朵，揣在怀里便是阳光。衷心感谢"国小"的家长志工队带给我们的诚挚"五心"，衷心感谢"国小"的师生带给我们收获满满的一天：小事成就大事，细节铸就辉煌！

（2013 年 11 月 7 日写于台北）

精心·精致·精进·精品

——台湾研习日志（四）

今天是在台湾研习的第四天。今天我们要参观访问的学校是台北市私立静心国民中小学（以下简称静心学校）。学校位于台北市文山区，四周学校林立，家长水准高，很重视学生全方位的学习。静心学校的办学特色是以多样化的学习形态，厚植学生的能力，累积与世界接轨的能量。一天的参访过程，让我们领略了静心学校的迷人风采，从外而内地感受了静心学校教师和学生的阳光和自信。

"精心忽有得，纵笔何恢诡"。步入静心学校，和谐的色调，洁净的校园，楼层间的布置都显示了静心学校师生的精心，尤其是顶楼的模拟安全中心，不但囊括了全部的道路安全标志，还包括了家庭、户外、运动等的安全知识。安全中心虽然不大，但对于静心学校的学生来说，那绝对是一个好玩又有教育意义的地方。如此的设计，不仅需要金钱的支持，更需要一位好校长具有超前的意识，而静心的简毓玲校长就是一位具有前瞻意识的好校长。

何为"精致"？宋朝周文璞《姜尧章金涂佛塔歌》有言："形模远自流沙至，铸出今回更精致。"精致不是豪华，不是富丽堂皇的排场，不是锦衣玉食的尊贵，更不是"麻雀虽小，五脏俱全"的精巧，也不能简单等同于"挑剔"。静心学校给我们的感觉是精致的。校园虽然不大，却容纳了从幼儿园到中学的2727名孩子。精致的校园文化让这2727名孩子有序、有礼、有节。

"精进"多见于佛教典籍，又叫作勤，即努力扬善向上。在静心学校的发展愿景中，以"静思、活力、精进、卓越"为目标，旨在全人教育核心目的的引领下，培养具有"静思、活力、精进、卓越"能力的儿童。精进是一种目标，一种态度。多元展演的舞台帮助学生实现了"一人一技艺，一生一专长"，锦上添花；"处处是课程，人人是课程"帮助教师实现了个人专业发展的愿景，精益求精；简校长12年如一日，秉承优秀的办学理念扬善向上，以开阔的国际视野打造了学校的优质品牌。

精心的校舍设计和校园文化设计，精致的课程理念、育人理念和办学理念以及精进的治学态度成就了静心学校的精品特色。

（2013年11月10日写于台北）

教育的温柔

——台湾研习日志（五）

今天的台北气温骤降，还伴着丝丝细雨。但在"国立"新生小学的所见所闻却让我倍感温暖。

初进校园，我们就被校园内几条彩绘的鱼形雕塑吸引住了，在校长的指引下，我们一路参观，一路感叹：历届毕业班级的精彩画作让我们惊叹不已；处处隐藏着学习内容的设计让我们连声称赞；教师的敬业、专业让我们叹服；家长志工的无私热心让我们舒心；校外学习资源的拓展和利用让我们感慨。

"生存、自由、幸福"。教育的真谛大概就蕴藏在这三个被美国总统杰斐逊写入宪法的三个词当中。"国立"新生小学的孩子是幸福的，"国立"新生小学的教师也是幸福的。

今天听了两节课，第一节是体育课，第二节是二年级的英语课。体育课教师高大、阳刚、帅气，课前的柔声问好让我们想到了"温柔"。课堂上教师的言行再次让我们感受到了这位体育老师的温柔：上课班级有一位视力有障碍的女生，在练习起跑的过程中难免动作不够协调，容易落后，为了让这名女生尽情投入课堂训练，每次轮到该女生练习的时候，体育教师都会在她旁边伴跑。体育教师温柔的话语就是对该女生最大的鼓励和肯定，也是对其他学生潜移默化的影响，我们看到每次该女生跑完，旁边的同学都会伸出援助之手帮她一把，护送她走到安全的地方；学生练习完卧式起跑，体育教师不忘提醒学生课后要注意清洁，洗干净手……我们一边观课一边感叹：温柔的教育真是不显山不露水，却又润物无声。

英语教师非常活泼，软软的口音，稍显夸张的肢体语言让学生专注于课堂学习。下课钟声敲响时，英语教师让有问题的孩子留下来，一位胖乎乎的小女生举起小手告诉英语教师手指受伤了，英语教师看了一眼，亲吻了一下她受伤的手指，温柔地问："还疼吗？"小女孩羞涩地摇摇头，离开了。英语教师就像妈妈一般温柔地爱着她的学生。

"国立"新生小学的教育是温柔的：具有教育理想和人文情怀的校长也是温情的；关注学生的差异，对学困生的关心和扶助，倡导的是一种温情的方式；宽大的班群教室营造的是一种温柔的氛围；开放式的围墙，开放式的学生管理强调的是对于生命的尊重和价值提升。"国立"新生小学的孩子们在温柔的校园里静静地倾听、深深地呼吸、自由地成长。

（2013 年 11 月 11 日写于台北）

走进百年老校看课程开发

——台湾研习日志（六）

今天是2013年11月13日，我们一行来到台北市立教育大学附设实验国民小学跟岗。今年刚好是这所学校办校100周年。步入校园，浓浓的庆校文化深深地吸引了我们。经过简短的见面仪式，我与广州的罗夕花老师、佛山南海的刘湘老师走进三年级（1）班跟岗，听了6节课，感受最深的就是这所百年老校的教师们的课程开发意识。

下午第一节课，学生因为要打预防针，所以跑了大半节课，我们只听了15分钟的本土课程，跟着上课教师学讲闽南语，学唱闽南儿歌。第二、三节课是主班教师的课。上课伊始，陈老师指导学生阅读预防接种的注意事项。这里注意阅读指导，哪怕是一张小小的接种提示，教师也会抓着不放，指导学生读懂。正在我们猜测这节普通话课的授课内容的时候，陈老师话锋一转，让学生结合自己打针或看病的经历谈一谈。学生的兴趣立刻调动起来了，他们兴致勃勃地谈论开来，之后是学生的个人发表，下课前10分钟，陈老师让学生把说好的内容以日记的格式写下来。这篇日记绝不是课本的内容。授课教师结合了学生的生活实际，顺势开发出口语交际和习作的内容。第三节课，教师一开课就让学生上台分享自己的日记，还特别邀请了今天尚未发过言的学生。剩下的时间，教师还是承接打针的话题，带着学生阅读了绘本故事《勇气》。在绘本阅读的同时，教师特别注意渗透阅读的策略：要注意图文的结合，想想图文之间的联系。

我们不敢妄自评论教师的课，却非常欣赏教师开发课程的勇气和做法。来台湾的这些天，参访了多所学校，前面几所学校提供给我们的课都有精心准备过的痕迹，唯独今天的课看不出些许的痕迹，纯属教师的家常课，是教师的自然发挥。正是这样的课，让我们真正体会了这些天听到的"人人是课程，处处是课程"。

（2013 年 11 月 13 日写于台中）

没有做不到，只有想不到

——台湾研习日志（七）

今天是个难忘的日子，因为今天要完成在台研习的最后两个任务：跟岗和结业汇报。

上午，我们在"国立"台中教育大学附设实验国民小学（以下简称实验国民小学）跟岗。走进实验国民小学，用心感受着校园厚重的文化底蕴、师生的谦谦有礼、领导团队的热情，心里只有一个想法：今天之行值得。

下午的结业汇报很精彩！在两个多小时的时间里，我们唱着、笑着、诵着、跳着，在我们各自的心里都留下了深刻的印象。紧张而忙碌的研习生活，并没有抹去大家的创意：我们惊诧于语文一组组长罗夕花老师的高效，在紧张的跟岗学习中挤出时间制作了精彩的PPT，汇报了她在台时的所见、所闻、所感、所思；我们佩服于语文二组组长冯迪鸿老师的才情横溢，一首诗，两首词，惊艳无比；艺术组的教师用优美的歌声诠释了收获；数学组的教师用加减乘除表达了自己的感悟；英语组的教师用一首优美的诗歌诉说着观感省思；幼儿组的教师用一支热情奔放的原住民舞蹈释放着连日来的感动。

真是"没有做不到，只有想不到"。教育又何尝不是这样？捧着结训证书，心里默默地想着王副校长引用的那首诗："教育就是用关爱与责任的犁耙，翻开孩子懵懂的心田，撒下一把幸福的种子，期待人生四季的风雨，让种子萌芽苗壮长大，开出生命圆满的果实。"教育需要教育者多一些爱心、细心、热忱，在教育中多想办法，多反思，那么什么都有可能。

（2013 年 11 月 14 日写于南投）

赴台湾研习考察报告

2013年11月4日至15日期间，广东省小学名教师培养对象一行60余人赴台湾拜访了"国小"、静心学校、台北新生国民小学、台北市立教育大学附设实验国民小学、实验国民小学以及台中市南屯区黎明"国立"小学等六所学校，聆听了台湾教育大学系统吴清基教授的《优质学校教育的理念与实践》、"国立"台湾师范大学教育学系甄晓兰教授的《差异化教学》、台湾艺术大学艺术与人文教学研究所严若映教授的《合作学习》、台北市立大学教育行政与评鉴研究所王宝进教授的《行动研究实务》、台北市立大学教育行政与评鉴研究所丁一顾教授的《教师专业学习社群》、台北市南港国民小学刘林荣校长的《班级活化经营》以及台北市胡适国民小学张世场教师和台北市麓山国民小学杨东升教师的《班级创意情境布置》等七个主题讲座。12天的见闻，我们收获满满，现将本次考察的收获总结如下：

台湾印象之一：传统文化的传承

中国是礼仪之邦，在两千五百年前，孔子就教育他的学生"不学礼，无以立"。今天台湾街头书店林立，或站或坐，店里满满的都是安静的看客；台湾的街头摩托车众多，但很少看到闯红灯的现象，路面秩序井然；台湾满是禁烟提示，只要有屋顶的地方就不能抽烟；台湾垃圾不落地，即使是乡村，每家每户门前都干净整洁。台湾人热爱生活，即使是破旧的木屋前，也能看到怒放的花儿。这里有很多居民筹钱搭建的庙宇，是富有传统化的建筑，穿插在这个充满现代感的城市里，却感觉不到突兀；台湾人很谦逊有礼，在台湾的公交车上，听到最多的是人们礼貌地说着"不好意思，借过一下"……12天，留在脑海里的是对台湾的文明、环保、热情和感恩油然生出的一份敬重和感慨。

台湾印象之二：优质的教育

推动优质教育已是当前世界各地教育发展的共同趋势，建构优质的教育环境，是教育改革的目标。在台湾的研习期间，我们参访了三所标杆学校，又在两所优质学校里跟岗。12天的耳闻目睹，让我们发现台湾的优质教育体现在以下几方面。

1. 优质的教育源自专职的校长

一个好的校长必然会造就一所好的学校。在台湾，我们所见到的几所学校的校长，都是教育的专家，既有明晰的现代教育思想与智慧，又有澎湃的教育激情与梦想，是他们在领航着学校的发展。

12天，六所学校，让我们认识了六位优秀的专职校长：台北市国语实验小学的杨美伶校长、台北市私立静心国民中小学简毓玲校长、台北市新生国民小学邢小萍校长、台北市立教育大学附设实验国民小学方慧琴校长、"国立"台中教育大学附设国民小学涂文忠校长、台中市黎明国民小学陈华诞校长。这六位校长或知性，或优雅，或儒雅，在他们的专业引领下，六所学校特色明显：台北市国语实验小学的特色是以"良好的生活礼仪教育为经，学习共同体教育实验为纬"，建构"以学生为中心"、创造"卓越学习品质"为核心价值的学校教育；台北市私立静心学校的办学特色是以多样化的学习形态，厚植孩子的能力，累积与世界接轨的能量；台北市新生国民小学的办学特色是为实现教育改革"开放""弹性""统整""专业"的理念，以开创新世纪教育的新风貌……边走边看，我们发现台湾的校长很专业，他们每天想的是如何办好自己的学校，如何凸显学校的特色，成就教师和学生的精彩。

2. 优质的教育打造了优秀的教师团队

12天，六所学校，让我们接触了台湾优秀的教师群体。他们没有所谓的职称评定，他们有的只是专业、热忱、爱心。他们给我们留下了这样的印象：教师群体表现出较高的整体素养，鲜明的教师职业特征，很强的职业责任感和幸福感；具有较大的教育教学自主权，教育教学工作具有很强的创新性，是一个具有很强执行力、学习力、创造力的学习型团队，不断实现着教师的专业发展和成长。

在交流中，不论是资深教师还是新教师，都体现着鲜明的教师职业特征：教养水平很高，充满着爱心，具有很强的向师性和人格魅力。我们看到的教师是脸上挂着微笑的教师，是文明的、礼貌的、谦和的"绅士淑女"型的教师，是非常关注他人感受的教师。台湾教师没有等级评定，但台湾鼓励教师专业学习社群的建立，鼓励教师通过同济合作，分享成长。台湾教师专业学习社群一般以年级、学科领域或专业发展主题方式等形式组成，通过教师辅导教师社群的模式，采用共同备课、同侪省思对话、主题经验分享、课程研发、教学方法创新、教学媒体研发、读书会等运作方式，使教师社群获得专业的支持体系。形式上基本等同于我们的学科教研组，不同的是，在我们教研组建设中，很多都流于形式，逐渐成为伪社群，如在活动中以闲聊为主，或者是以唯某人独尊……缺乏实在的操作。参访中，新生国民小学的三年级社会教师团队就很值得我们学习。年轻的教师通过同侪互助得到启发，规划出三年级的乡土学习步骤，带领学生参访学校周边的社区，指导学生编制绘本小报。在这个教师学习社群中，专业是自主的前提，同侪互助、分享进步是过程与结果。

3. 优质的教育得益于优秀的家长志工团

教育不仅仅是学校的事，真正的教育应该是学校、家庭、社会三方面在方向上统一要求，在时空上密切衔接，在作用上形成互补、协调一致、形成合力，发挥整体效应。在台湾参访的多所学校，让我们深刻地体会到来自家长的作用。去台北国语实验小学参访的那个早上，我们被举止优雅、衣着整齐、待客热情的家长志工团簇拥着进了校园。整整一天，校园里随处可见他们的身影，给我们斟茶倒水，给我们指路带路，给我们解答疑难……难以想象，校园里本就窄小拥挤，有了这么多家长，却并没有我们想象中的乱。后来，我们了解到台湾的学校都有家长志工团。以台北市国语实验小学的志工团为例，这是一个"团结、合作、传承、创新"的优质志工团，秉承"爱心、耐心、尽心、学习心、欢喜心"的服务宗旨，成为学校最坚强的后盾。台北市国语实验小学的志工人数达194人，服务5年以上的志工占49%，每周固定值班人次达400人。台北市国语实验小学志工团下设十个组：导护组、图书组、环保组、资讯组、管理组、故事戏剧组、认辅组、实幼组、晨阅组、勤务组。他们组织机构严密，管理分工细致，工作职能落实到位，每个小组的任务都非常具体详细。这么庞大的家长志工团队，散落在校园的每个角落，和学生一起成长，和学校一起分享成功的喜悦！

又如在新生国民小学参访时，一位年过六旬的志工带着我们参观学校周边的社区，从他的言行中，我们能感受到他对学校的热爱，对孩子的热爱，对教育的热忱。新生"国小"的另一位妈妈志工，她早年举家迁往外国，陪伴孩子完成学业后又回到台北，到新生国民小学当了一名家长志工，十多年如一日，为学生服务，为学校服务。问她为什么，她说这样很好啊，能为学校做点儿事，能为孩子们做点儿事。有这种想法的家长不在少数，难怪有个校长如是说："家长既可以是阻力，更可能是助力。"

台湾的基础教育学校都充分利用了社区和家长志工团的资源，共同打造优质的学习环境。用好家长的资源办学校是我们应该向台湾同行学习的。

4. 优质的教育促成了课程的开放

台湾的优质教育愿景是以精致教育理念为核心，潜在课程为半径，画出人性化教育同心圆。课程发展也是优质教育的指标之一，它可以分解为系统规划、有效执行、落实评鉴、待续研发四个子指标。

回顾在台湾研习时参访的六所学校，我们都看到了类似于研究室、课程开发室一类的部门，看到了教师在课程与教学方面的自主经营空间和开发创造能力。国语实验小学的课程愿景是"关怀、自信、前瞻"，特色课程为"深耕国语文，厚植学习力，点亮新智能"。我们看到了新生国民小学美术教师摄影课程研发的全过程，感慨于教师的专业和专注。静心学校的课程愿景是以"全人教育"为核心，以"静思、活力、精进、卓越"为目标，培养具有"静思、活力、精进、卓越"能力的儿童。我聆听了体育教师的篮球课，感慨于静心学校"处处是课程，人人是课程"理念的落实。新生国民小学的课程愿景是实施"主题统整教学"本位课程，培养核心能力。新生国民小学的班群设计和数探教室让我感慨探索学习的丰富课程课容。我聆听了一节英语课和一节体育课，教师的课程整合能力让我感动。台北市立教育大学附设实验小学的课程愿景是以主题为探讨核心，与生活经验相联结。打预防针成就了一次阅读指导和一次习作练习，如果任课教师不具备课程开发的能力，又怎能利用生活的经验，引发共同的学习活动呢？台中教育大学附设实验小学的总体课程架构成就了学校的愿景。我对该校举办了十年之久的主题绘本比赛颇感兴趣。十年如一日，该校把语文教育与艺文教育有机地整合，让学生在学习中创作，在创作中学习。

5. 优质教育成就了快乐成长的学生

在我们参访的几所学校中，学生和学生的发展是学校和教师关注的中心。学生在校园里生活、成长、成功，让我们深刻感受到好的校园生活对学生发展的意义和价值，深刻意识到好的学生才能成就好的校园，创造欢乐、丰富而又有品位的校园生活。

各所学校都有自己的学生培养目标，并把学生培养目标纳入学校愿景中。

"国小"期待以"主动学习、积极探究"的途径，引领师生追求向上、向善共同的教育价值，营造健康成长、认真学习、尊重关怀、沟通分享的优质学习环境，透过尊重、互学的课程学习，让每位学生具备"尊重""自信""前瞻"的态度，达成"快乐、进步、卓越"的学校愿景。

静心学校是以"全人教育"为核心，以"静思、活力、精进、卓越"为目标，培养具有"静思、活力、精进、卓越"能力的学生，让每一个学生都能找到自己的长才。

"国立"新生小学愿"新生"的每个学生，都能具备经营幸福人生及推动社会进步的憧憬与能力。

台北市立教育大学附设实验国民小学希望"培育文采有品，领袖群伦的附小儿童"。

在培养目标的引领下，我们感受着学生在校园里的健康成长。台湾的中小学很注重学生文明礼仪和道德品质的教育，并很好地内化在学生的行为习惯之中。参访的六所学校的学子自信大方、彬彬有礼，给我们留下了深刻的印象：静心学子和国语实验小学学子高品质的汇报演出精彩地阐释了学校"一人一技艺，一生一专长"的育人特色；台北市立教育大学附设实验小学的学子和"国立"新生小学的学子以及实验国民小学的学子对学习的探究精神让我们叹服。

学生的学习和成长需要足够的发展空间，社团的开展使学生个性得到充分发展。参访的六所学校都开办了许多学习社团，丰富学生的课余生活之余，鼓励学生学会一门体艺专长。

相比之下，我们当地的社团建设，因为涉及教育收费、课时补贴、考试成绩等问题，许多学校的社团都举步维艰，开展不起来。

台湾之行，来去匆匆。台湾教育考察的收获是巨大的，体验是丰富而多元的。"坚守自己的教育理想，执着自己的教育行为"是教育成功的关键，从台湾同行身上我深深地感受到了这一点。在深入比较研究的基础之上，我看到了自己的差距。取他人之长，补自己之短，着眼六年更要辐射六十年，让我们今天的所思所为真正成为坚实孩子未来的基础。

（2013 年 11 月 17 日）

澳大利亚考察日志

教育不分国界

今天是到澳大利亚南澳大利亚州（以下简称南澳州）阿德莱德市的第二天，清新的空气，干净的街道，美丽的海滩，湛蓝的天空以及友善的笑容是阿德莱德留给我们的第一印象。

清早，我们在随团翻译的陪同下，步行来到了阿德莱德市的教育部大楼，正式开始了在澳大利亚的培训。简短的欢迎仪式之后，马列林·斯立女士、达里尔·卡特先生、克里·雨果女士、罗宾先生以及戈力·帕斯莫先生分别给我们介绍了南澳州政府公立学校12年义务教育、自然人文学科的设置以及多元文化和土著文化。

几位教师的生动讲解让我们对南澳州的中小学教育概况有了初步的了解：南澳州的义务教育是从6岁到16岁。这里有各类学校：幼儿园（学前）、小学、中学，针对残障人士的残障学校，拓展职业兴趣的职业学校，针对成人开设的成人教育、远程教育，针对聪颖拔尖学生的特长学校。从这些学校的类别可以看出，南澳州十分重视教育，教育是公民的一项福利。这里的学校体制：校长管理，下设助理校长和协助校长，拥有专职教师和普通教员。这里的学校分为三类：公立学校、私立学校和宗教神职学校。三分之二的家庭会让学生在公立学校就读，其余的家庭会选择私立或教会学校，在这些学校的排名中，公立学校的测评成绩排名第一（根据国家测评成绩排名）。

这里的学校每年共分四个学期，师生有13周的假期，教师可以利用假期放松、充电；学生在校时间为8：30~15：30，15：30以后学生可以自由选择喜欢的课程，这里的中小学还有很多交流学生。明年开始澳大利亚将实施国家统一的教育标准。

这些情况与国内大致相同，区别较大的是学校管理部分。在国内，学校如果出现问题，责任由任课教师负责，而在澳大利亚若学校出了问题，则是由主管的领导和部门负责，简而言之，教师主要负责的就是教学工作。厘清这些责任，便于教师更专注自身的教学工作，也更有利于教师的专业发展。

TfEL计划是南澳州教育部门针对近两年的现状制订的，但制订之前已有15年的研究历史。计划中所提到的教育理念、法规均以《墨尔本宣言》为依据和基础，其主旨是为了培养成功、自信、有创造力的学生。计划中的50%体现的是研究教学，另外50%体现的则是对教师教学的帮助。在调查中，发现当地教师的世界观分三种：61%的教师会注重学生的情感，注重培养学生成为终身学习者；27%的教师会关注教学内容，课堂上会不停地说；15%的教师会根据学生的学习情况调整内容，鼓励学生自主学习，并适时释疑解答。而让更多的教师成为第三类教师是当地教育部门努力的方向。

这与国内的情况大致相同。我们的大部分教师都会做好本职工作——教书育人；少部分教师会把教学当作任务，只求完成教科书上的教学内容，课堂往往成为教师的"一言堂"；极少部分的教师能做到以学定教，注重教材的整合与运用，关注学生的能力培养。国内现行的教师评级制度、教师培养制度其实也是希望让更多的教师成为第三类教师。

下午听到的两节课非常有趣。罗宾先生带我们到附近的民事法厅实地考察，了解当地民事案件的处理方式，相信在当地的社会与人文科学的学科教学中，教师们也经常会带领学生到政府部门去参观、考察，了解这些部门的运作方式。我们也有类似的课程：《品德与社会》《品德与生活》，但受限于各地的条件，很多社会实践课我们并不能带学生去政府部门进行体验。

最后一节课，戈力·帕斯莫先生给我们具体介绍了澳大利亚土著的分布、语言的沿袭、土著的生活用品，我们通过听、看、摸、吹，对当地的多元文化和土著文化有了一定的了解。这让我想起了在台湾培训时听过的一节闽南语课，其实，这两种课程都可以理解为当地文化，让我们的学生了解本地的文化很有必要，这比教师口头上讲一万次"热爱祖国、热爱家乡"的效果要好得多。学生在了解和传承本国本土文化的基础上自然而然就会产生浓厚的爱国爱乡的情怀。

精彩的一天，收获满满。教育不分国界，教育公平、教育创新、教育改革是大家共同追求的目标。

（2014年11月18日晚写于阿德莱德市）

从课堂评价看南澳州的学生培养目标

今天，阳光灿烂，一大早走出公寓就感觉到有点儿热。一路疾行，我们走进了阿德莱德市的教育部大楼，没想到给我们上课的两位教师早已到了，对于我们的迟到，两位教师并未过多表示，但我们却感到十分不好意思。

接下来的一个多小时里，Carmel Dineen和Kerry Hugo两位主讲教师深入浅出地给我们讲解了她们是如何制定标准评价？如何设计评价项目？如何让评价在教学中发挥作用：使学生不断进步，使教师在反思中得以提升专业素养。

给我印象最深刻的是上课伊始，Carmel Dineen老师以中澳两地的红绿灯做比较，告诉我们中国虽然在很多路口都设置了红绿灯，但因指示不够清晰，行人往往会感到迷惘；相反在澳大利亚的街头，红绿灯并不多，但指示很明确，行人能准确判断何时可以通行。这一形象的比较如果放进课堂，则说明评价手段不一定要花样百出，但一定要是有效的，能让学生清楚明白的。就像Carmel Dineen老师要求我们在听课过程中，如果有不确定的，有质疑的时候，请使用黄色杯子；如果很清楚，很明白了，无须质疑的时候，使用绿色杯子；而当我们不清楚、不明白的时候，请用红色杯子。这简单的操作让我们很感兴趣，也都觉得如果课堂上让我们的学生也使用这些颜色杯子的话，既能方便学生及时向教师反馈学习困惑，又方便上课教师及时捕捉到学生的学习状况，了解学生的学习困难，及时调整教学计划。这样的手段还真是简单而实用。而由此也让我们看到南澳州教学的严谨，所有教师都遵从教育部的计划，计划中给予教师明确的指引：课堂上关注的不应该是单纯的教学内容完成与否，更多的应该关注学生学会了多少，不会的该怎样帮助他学会。在这样的评价体系中成长的学生很容易体验到成功，也会因成功而自信。培养成功、自信、有创造力正是他们的学生培养目标。

类似的评价在国内的教学中使用得并不广泛，究其原因，一是因为我们的班额太大，面对60名甚至更多的学生，教师实在分身乏术，关注了这个就会忽略了那个；其次是教师在授课中未能把学生放在主体地位，仍停留在讲授的角色；最后，学生中爱面子，滥竽充数的不在少数，因为很多学生会觉得让大家知道自己没学会是件丢面子的事。

在澳大利亚学生回答"你眼中的评价是怎么回事？"这个问题时，大部分的学生都认为评价对自己的学习很有帮助，一位10年级的学生认为评价告诉他是时候努力了；一位12年级的学生认为评价有助于学习，是可以有针对性地改变自己学习方式的，教学测试相当于一张门票，获取他人认可的门票……学生的这些看法不约而同地认可了教学评价的作用。

基于评价的实施，南澳州的教师们要做的另一件事是收集学生的作业，整理学生的学习档案。这不同于课堂的及时评价，他需要更多的时间去关注学生的学习过程，并最终根据这些作业、作品，给予学生一个客观的、可持续的终极评价，这个评价将伴随学生进入高一级学校。

对于评价，我们并不陌生，在学校管理、班级管理、学生学业水平检测方面，我们都会用到评价，但我们很多时候关注评价的结果，如果我们的教师也能像南澳州的教师们一样，科学地、严谨地、有序地对学生进行课堂评价、过程评价，那么我们也能培养出成功、自信、有创造力的学生。

（2014 年 11 月 19 日晚写于阿德莱德市）

尊重·包容·平等·成功

——我看南澳州对学习困难学生的教育

今天，下了雨，雨势不算大，一大早，天气还是有些闷的，10点左右，光是在室内坐着都觉得有点儿凉意。今天给我们上课的几位教师均来自当地的中小学。他们向我们解读了学校的办学理念，介绍了学校的特色，让我印象最深刻的是他们对不同学生的关注，尤其是对学习困难的学生的关注，概括起来就是"尊重、包容、平等、成功"八个字。

有着25年丰富教育经验的Jenn Tranter女士说，南澳州的特殊学生（学习困难学生和残障学生）存在于不同的学校，当地的法律明文规定不能歧视他们，在NSSF原则中提到要给这些学生提供安全、有帮助的保护。澳大利亚政府规定国内6~17岁的孩子必须接受教育，对于十五六岁的学生，则应该关注其特殊的要求。因为如果学生的诉求得不到关注和满足，学生就会把情绪发泄在学习上，这样就会发生大问题，尤其是些表现不好的学生。他们为什么会表现不好？可能是因为心智、语言交流不好，像自闭症的学生，他们容易封闭自我，这样，教师就有可能误解他们的诉求，学生得不到满足，就会表现不好。Jenn Tranter女士建议对于这类学生要给予更多的关注，要多和他们沟通，尝试打开他们的心扉，让学生与自己合作，使这部分学生在合作中得到尊重，拥有自信。在Jenn Tranter女士的讲课中多次提到"全纳教学"，所谓的"全纳教学"就是不管学生属于哪一类：健康的、残障的、聪明的、愚笨的……只要他属于适龄儿童，学校和教师就应该全身心地接纳他。

"全纳教学"充分体现了澳大利亚的教育公平性，体现了以学生为中心的教育观，体现了澳大利亚对生命个体的尊重，让每一个生命个体都享有平等的教育机会，并确保让每一个生命个体都体验到学习的成功。这一点很重要！让每一个生命个体都能接受平等的教育机会，这是一个国家对教育的重视，是一个国家公民应该享有的公民权益，这中间包含着对每一个生命个体的尊重和包容。作为教师，谁都喜欢教聪明、伶俐、可爱的学生，对于那些调皮捣蛋，接受能力差的学生我们往往会推荐他们到特殊学校接受教育，但作为家长，并不愿意承认这一点。因此就会在许多学校里发现这些特殊学生的身影，但教师和学生不能歧视他们，澳大利亚是有法律明文规定不准歧视的，这就保证了这部分特殊学生在学校和社会有了立足点，被人们承认了他们的存在。对于这类学生，因其特殊性，教师就不能用对其他学生的要求来要求他们，而是应该更加耐心地倾听和了解他们的诉求，帮助他们一步步突破自我，体验成功。

这几年，每年新生入学的时候，我们都发现特殊学生在新生中所占的比例越来越大，我们的教师可能更多的是抱怨，而后对这部分学生采取不管不顾的态度，因而个别学生会走上极端，动不动就用"跳楼"来威胁教师和同学。面对这个群体，只靠学校的心理教师来疏导远远不够，这是每一个教育者都应该承担的教育责任，每一个教育者都应该提供机会给学生，让学生知道该如何寻求帮助。在此过程中，教师也应该学会与他人合作，与家长合作，共同探讨教育良方，而非一味地谴责、抱怨。

尊重每一个学生，给予特殊的学生多一些包容，让他们享有平等的教育机会，一步步体验成功，是每一个教育工作者都应尽力做到的。

（2014年11月20日晚写于阿德莱德市）

人性化管理，一切为了学生

——参观南澳大利亚大学和阿德莱德大学有感

今天，晴空万里，一扫昨日的阴郁。经过3天的集中培训后，我们对南澳州的基础教育有了一定的了解。今天，我们在王先生的陪同下，参观了南澳大利亚大学的商业企业学院和信息技术、工程与环境学院以及阿德莱德大学。

南澳大利亚大学成立于1991年，是由南澳理工学院和南澳高等教育学院的三个校区合并而成的，是一所综合性大学。我们今天主要参观了它的商业企业学院和信息技术、工程与环境学院。2004年，南澳大利亚大学（University of South Australia）的商业和企业学院（School of Business and Enterprise）成为澳大利亚第一所国内外项目均通过欧洲管理发展基金会（the European Foundation for Management Development，欧洲商学院最高级别和最严格的质量认证机构）的EQUIS国际认证体系的商学院。学校因工业界合作的研究成果被连续评为澳大利亚优良大学之一。

阿德莱德大学位于市区，是澳大利亚历史上的第三所大学。自1874年创校以来，一直位居澳大利亚顶尖大学之列。截至2008年，阿德莱德大学曾培养出5个诺贝尔奖获得者（Sir William Henry Bragg，John MCoetzee，William Lawrence Bragg，Sir Howard Walter Florey，J Robin Warren）和108个罗德奖的获得者。学术研究的成果尤为卓越突出。学校教学设施先进，拥有藏书200多万册的图书馆，先进的教室、计算机设备和视听系统。阿德莱德大学的以下学科在世界上享有盛誉：生物学（尤其是农业、医药、分子生物学/生物科技）、自然科学（尤其是物理、地理和地球物理学）、信息技术和电信、环境科学和管理、社会科学（尤其是亚洲学习、国际经济学和人类地理学。）

在参观过程中，最吸引我们的是两所大学的学生服务中心和学生图书馆。

阿德莱德大学的学生服务中心空间大，有休闲区、讨论区、学习区、阅读区等，365天全天候为学生提供服务。我们在参观时，就看到有很多学生或坐或躺，或看书，或讨论，或聊天，或上网，每个人都在做自己的事情，谁也不干扰谁。这么一个专属于学生的活动中心，对于学生而言十分方便。

阿德莱德大学还有一座六星级建筑。"六星级"并非是就外形设计和内部装修而言，而是这座建筑在环保和资源利用方面达到了六星级。建筑顶层是太阳能发电系统，地下是雨水收集系统，外面的遮阴篷采用了北京奥运场馆的顶棚材料，既能遮阴，又能调节温度，一举两得。

在南澳大利亚大学的两个校区，我们还参观了图书馆。商业企业学院的图书馆大楼是今年初建成投入使用的，楼层较高，每层对应一个专业的藏书，里面有阅读区、讨论区、自助茶水区、视听区以及求助区。由于是考试时间，图书馆里有很多学生，有的学生为了复习方便，还把准备好的午餐、晚餐带进图书馆的茶水间，在适当的时候，学生会利用茶水间的厨具加热饭菜，免去了来回奔走的时间。这在我所知道的国内大学里尚未见过。

在信息技术、工程与环境学院的图书馆，由于正在放暑假，图书馆里人不多。但随着计算机网络的发展，学生的书面阅读习惯正在被电子阅读习惯所代替，因此，校方也正在考虑如何发挥图书馆的作用，更好地利用图书馆。

之前的几个讲座中，都听到讲课老师介绍本地学校如何为学生着想，如何布置教室、校园，让学生对学校有家一般的感受，今天在参观过程中真正体会到了：办学者人性化的管理，一切都是为了学生。

（2014 年 11 月 21 日晚写于阿德莱德市）

匠心独运的环境布置，开放且有活力的课程设置

今天，气温下降了不少，但没能阻挡住我们参访阿德莱德市标杆学校的热情。今天，我们参观了三所学校：Linden Park Primary School、Rose Park Primary School和Stirling East Primary School，这三所学校都十分有特色。紧凑的参观时间，虽有点儿走马观花，但三所学校里匠心独运的环境布置，开放且有活力的课程设置给了我极大的冲击。

在上周的集中培训中，听到不止一位上课教师提到要注意教学环境的布

置，当时还不以为意，觉得没什么大不了。但真正实地考察后，就觉得匠心独运的环境布置的确可以对教学管理起到一定的作用。今天参观的学校都采用了年级集中管理制，就是把相同年级的学生分在同一片教学区域，并共享一个开放的活动区域，比如三年级有四个班，那么四个教室分布在四周，中间有个较大的活动空间，教师的办公地点也和学生在一起。上课时，学生们纷纷走进各自的教室，下课了，同年级的学生或在教室里玩耍，或在公共空间里一起玩耍，有的时候，这个空间还可以成为个别学生的辅导中心。像Stirling East Primary School，这所学校依山而建，所以学校就将各年级的教学空间安排在不同的坡度，在每个年级的教学区域，墙壁上张贴着学生们的学习作品，有画作、有相片，每一次的作业，每个学生的作品都会被张贴出来，这让学生得到了尊重。教室上空也交叉悬挂着学生的作品，这些作品大都与美术有关，五颜六色的，带给我们一种节日的气氛。学生在这样的教学环境中边玩边学，十分快乐。看来好的教学环境确实能引起学习者的学习兴趣，让学习者更好地投入到学习中。

前面两所学校课程理念接近，都是使用IB mission statement，IB课程的理念是以学生为中心，采用询问式教学方法，培养学生自己提出问题，并自己找出问题的解决方法，学生在这个过程中有探索、有体验、有预测，还有数据收集和整理。比如，Linden Park Primary School 7年级的一名男生，他研究的专题是食品色素的研究，他首先找来相关的文字资料，然后通过一系列的实验，证明食品色素的安全性、实用性。为了让这些数据真实可信，他还把自己的实验过程拍成小电影，最后把自己的研究结果整理成一份报告。还有一位小男生做的研究专题是谱曲，他利用电脑谱写了一首曲子，询问他下一步要做什么研究，小男生回答希望谱写一首更长的曲子。有一位女学生研究的专题是近200年前的服饰特点，并在查阅资料的基础上制作了两套女士服饰，她觉得很符合当时的服饰特点。另一名女学生研究的专题是抗震房屋，经过调查研究，该女学生撰写了研究报告，还制作了一个抗震小房屋模型，里面是木架子钉的，外面贴了装饰面，仿真度很高。另一名女学生研究的是阿德莱德市的建筑风格演变，她查阅资料、实地考察、收集明信片，最后制作成一本精美的画册。每一位学生的作品都十分让人惊讶。我们惊讶的是这些成果设计范围的广度，成果形式的丰富性，以及这些成果带给学生的自信和满足，而这一系列的惊讶均源自于学校课程的开放和活力。只有在开放且有活力的课程支持下，学生才能选择自己感兴趣的知识自主学习。

培养学生会学，是所有教育者都应该努力的事情。如果国内的高考制度真的实行变革，不再是一考定终身，那么我们的小学教育是否也可以这样轻松而实效呢？

（2014 年 11 月 24 日晚写于阿德莱德市）

用心观察，用心发现

今天，我们继续参观阿德莱德市的标杆学校，有了昨天的收获，出发前自然而然地多了一分期待，因为今天参观的学校除了一所小学 Highgate Primary School 以外，还有一所从学前班到12年级的一贯制学校（Charles Campbell College）以及南澳州唯一的一所理工科高中学校（Willian-Light School）。可以说今天的参观是一次发现之旅毫不过分。

走进 Charles Campbell College，胖乎乎的校长助理瓦尔达·奥琦特女士接待了我们，她带着我们参观了高中的几个特色教室，在参观的过程中，我们发现这所学校与国内高中在课程设置上的巨大差异。国内的高中为了备战高考，整个高中都是教学、复习、模拟考试，学生基本上就是为了考试而学。Charles Campbell College 的高中选修课程则百花齐放，一切为了学生的社会实践需求。

我们在 Charles Campbell College 的学生中心看到了中国学生的国画画作。经介绍，我们知道这些画作可以作为学生的高考成绩之一。这与国内的高考很不同。我们还依次参观了学校的汽车修理教室，这里有三辆供学生实践的报废汽车，一辆供学生学习拆装，一辆供学生学习电路维修，一辆供学生学习更换机油等简单的操作。教室里还有车床、千斤顶等。这是一所普通学校，开设的选修课程接近于国内的职业高中，但对于高中生来讲，在学习文化知识的同时兼顾生活技能的学习，岂不是两全其美？在 Charles Campbell College 的高中部，我们还看到了艺术创作教室、动漫设计及平面广告设计教室、烹饪教室（小学部也有）、舞蹈教室、音乐教室、3D设计中心、缝纫教室、木工教室。在木工教室里，一班10年级（相当于国内高一）的学生正在制作木质家具，其中一名女学生做了一张可以折叠的小桌子，做工精细，部件打磨得很光滑，又很便利，很难想象这是一位腼腆女生的作品。据瓦尔达·奥琦特女士介绍，这所学校任教的教师至少要会教三门课程，后来陪同的王先生告诉我们要取得南澳州的教师资格，都应该至少有三项特长。我们边走边看边惊叹，这惊讶的背后是我们对国内高中课程设置以及教学目标的反思。

离开Charonles Campbell College，我们来到南澳州唯一的一所理工科高中学校（Willian-Light School）。陪同的王先生给我们设置了一个任务，要我们去发现这所学校的教室。刚听到这句话，我很纳闷，难道教室还会有什么不同吗？

进入学校，我们看到的是一个宽敞的大堂，大堂里摆着一组组桌椅、沙发，四周分布着几个敞开式的小房间，里面整齐地摆放着几套办公桌椅，有的桌椅上坐着人，有的还空着。我们的正前方有20来个年轻人围坐在一起，前面有一位女士在边播放幻灯片边讲解。还有一些年轻人则散落在大厅的各个角落，或三五成群讨论，或单独一人看书、思考。这是学生的活动中心吗？带着疑问我们进了小会议室，在聆听了介绍之后，我们知道那里就是学生的教室——敞开的学习空间，敞开的小房间里坐着的都是教师。太不可思议了！学校把生本教育贯彻到底，学生完全以自学为主，教师的职责就是在学生需要的时候提供帮助，如果教师觉得某个知识点需要对大家解释清楚，就会召集大家进行讲解，这就是我前面提到的那位女士和那20来个学生，他们正在集体授课。在这样的教学环境中，学生需要具备很强的自学能力，很强的自律性和很强的求知欲，否则，他会不知所措，像国内的一些学生，未必能适应这样的教学模式。而这样的学习方式对教师来讲同样也是一种挑战，如果教师不深入学生当中，又怎能发现学生的问题呢？由于学生的一些问题往往具有前瞻性，所以要求教师具备很高的专业知识。这对于教师来讲也是一种挑战。以中国学生提交的作业为例，这位男生提交的作业是关于电影《地心引力》中的数学逻辑错误的纠正，他先是认真观看电影，以数学知识和物理知识去发现剧情中的错误，而后用英语写出更改后的剧本，接着用计算机制作更改后的小电影，向人们展示正确、合理的剧情和结局，最后把整个过程用叙事的方式记录下来，就成了他的研究报告。为了完成这份研究报告，该学生综合了物理、数学、英文写作、电脑技术、影像合成技术等，这与国内的作业布置和学业考评模式就很不同。重结果，轻过程最终导致的是学生缺乏创造力和质疑能力。

很感谢南澳州教育部为我们选择的这些标杆学校，特色鲜明，值得借鉴。

（2014 年 11 月 25 日晚写于阿德莱德市）

互动交流，相互学习

今天，我们乘坐公交车来到Highgate Primary School开始我们培训安排中的第一天跟岗。昨天的参观中已对这所学校的概况有了初步的了解，今天再次踏足，期待新的、更全面的收获。

8：30到达校区，还没到上课时间，在校园里随处可见学生、家长和教师。8：50，副校长皮特热情地接待了我们，并耐心地回答了我们的提问，这些问题涉及学校管理、课程设置、家长委员会、教师福利以及类似于教师工会组织的运作等。长达两个小时的访谈，皮特校长没有流露出丝毫的不耐烦，接着皮特校长也询问了我们几个问题，包括班额大小、如何控制课堂、如何对待特殊儿童等。在双方的谈话中，我们对Highgate Primary School有了更全面的了解：学校位于南澳州阿德莱德市的东部郊区，校园里宜人的园林和一系列的运动场为学生提供了一个愉快的学习环境。学校的第二外语是中文，学校有两名教中文的教师：东和罗拉。东负责4～7年级的中文课，罗拉负责学前至3年级的中文课。

为了方便我们交流，皮特校长把我们交给了罗拉老师。来自新加坡的罗拉老师热情地招呼我们，指引我们去相应的教室听课，亲自上课给我们听。

我们首先听了一节音乐课。上课老师是一位在这所学校服务了一年的签约教师。教师充满激情，一节音乐课很充实。教师上课伊始首先要点人数，而后玩游戏，让学生挑选自己喜欢的歌曲，继而复习学过的演奏曲子，然后让学生搬来乐器进行乐曲演奏，先从单声部开始，继而加入贝斯和其他打击乐器，最后师生合作进行大合奏。一节课下来，学生享受着音乐带来的快乐，虽然是中高年级，但看不出学生的抵触情绪。既然是合奏，就要学生讲求合作，这节课让我们看到学校的办学理念渗透学科教学中。

第二节课听的是罗拉老师的中文课——向别人询问和介绍自己喜欢的水

果。学前班的孩子在老师的带领下复习了各种水果的读法，然后通过师生的互动得到解答，继而是孩子们相互询问的时机，罗拉老师还利用我们作为课堂资源，让孩子们一个个过来问我们，最后，让学生通过绘画的形式巩固知识。刚来南澳州的时候，常听说这里的学生学习就是玩，今天一看，这个玩是带着任务玩的，在任务的驱使下，学生玩得很开心、很投入，同时也把知识学进去了。

两节课，在我们看来都很不错，很有特色。让我们感兴趣的是这两节课的教学秩序并不像开始来的时候听到的嘈杂、乱哄哄，不论是高年级还是低年级，学生都能遵守师生间的约定，课堂也比较安静。教师所使用的调控手段都能体现其任教学科的特点，音乐教师通过旋律让学生安静，中文教师通过中国传统的铃铛来提醒学生安静。

期待第二天的科学课和美术课。

（2014 年 11 月 26 日晚写于阿德莱德市）

玩中学，学中玩

今天是我们在Highgate Primary School跟岗的第二天。因为赶不上合适的公交车，我们今天迟到了些许，为此罗拉老师一见面就问长问短。刚喘过气，罗拉老师就带着我们开始了今天的观课之旅：1年级的语言课、小班的科学课、4年级的数学课、6年级的科学课、7年级的美术课以及4年级和1年级的"BODY"课。深入这些课堂让我们对"玩中学，学中玩"有了更直观地认识和更深入地理解。

第一节课是1年级的语言课，教师让学生回忆前一天去中国城市场购买水果的经历，提示学生用什么办法可以把昨天的经历记下来，学生提到了几个关键词：What、When、Who、Where、Then……学生利用这些关键词很容易就把一件事串讲下来，这个过程很接近我们的习作指导课，但学生与教师的互动很多。接着，教师让学生写下来，我们随便翻了翻学生的作业本，发现大多数学生都能写完整。由于学生的书写速度有快有慢，做得快的孩子得到的奖励就是在教室里画画，把去采购的过程画出来，我们看到学生脸上露出的笑容。

学校的科学课很有意思。小班的学习内容是判断哪些物体能被筛子筛下来，这完全是由学生实践操作的。在简短的操作要领解说后，学生们分组领取实验的器皿和实验品。每个组都领到了一个疏网筛子和一个密网筛子外，加一个开口的纸袋、一杯蛋糕粉、一杯椰丝、一杯爆米花。然后学生在小组长的指挥下进行实验，有的负责舀食物，有的负责筛，有的负责把手放在筛子下面检查结果，而后大家纷纷在实验报告上进行记录。这个过程，学生就是在玩中学，学中玩，每个学生都很专注、开心地享受实验的过程。翻看学生的作业本，每一次的科学课，都有一份实验报告，或文字填写，或画画呈现，记录实验的结果，非常有趣。

6年级的科学课是外聘教师上的，主题是黄金的知识。教师通过实物演示、课件展示、师生问答等环节向学生介绍黄金的比重、价值、分布情况、作用等，接着教师就把学生带到了操场上，每两个学生一组体验淘金的乐趣。灿烂的阳光下，学生用双手不停地摇晃着装有水和沙的盆子，希望从中发现金子，边晃动边沥水，"嘿，有了"！这边的学生淘出了宝贝，那边的学生也淘出了宝贝，碧蓝的天空下，碧绿的草地上，身穿校服的学生们专注的表情、兴奋的欢呼、不懈的坚持就是一幅美好的画面。下课前，教师发给每组一个小袋子装起淘到的宝贝，学生们高兴地带走了自己的战利品。尽管是6年级的学生，依然喜欢玩，在玩耍的过程中，学生轻而易举地掌握了知识和技能，真羡慕学生的轻松。

其他的几节课同样离不开小组合作与玩中学。像4年级和1年级的"BODY"课，每两周就会有一次，高年级的学生到低年级指导学弟、学妹们学习，今天的任务是完成一个雪人。高年级的学生一对一地指导低年级的学生：如何构图？如何剪纸碎？如何粘贴？如何剪贴帽子和手臂？如何把作品固定？学生与学生之间就像兄弟姐妹一样，特别好玩。这样的课的确有意思，高年级的学生事先已经完成了这份作业，让他们去教低年级的学生就是要让学生把知识转化为一种技能，同时还可以培养学生之间互助互爱的品质。

深入课堂，参与实验，我们在观摩的同时也体验着学生的快乐。一天下来，我们是真正感受到罗拉老师说的在这边当教师很轻松、很快乐。的确如此，每位教师都那么和蔼可亲，每位教师的心态都那么年轻，每位教师都那么投入自己的工作。为了准备今天的实验，小班的科学教师一大早就从家里背来了三大袋实验用品：蛋糕粉、爆米花、椰丝。我们感动的不是教师一天的投入，从观察中可以发现，从学生的作业中可以发现，每一节课，每一位教师都是如此用心的。教师的教学任务就是带着学生在玩耍中发现问题，得出结论，使得学习成为学生最快乐的一件事。

（2014 年 11 月 27 日晚写于阿德莱德市）

感受与感悟

今天，我们在Highgate Primary School完成了跟岗的第3天任务，收获很多。

3天的跟岗，让我们发现了绘画在教学中发挥的作用。走进每一间教室，都可以看到教室的置物篮里装着许多蜡笔、尺子，教室里到处都是学生画作的展示区。数学课，学生要动笔画画，6年级画立体图形的切割面，4年级画各种平面图形；科学课，学生在完成实验以后，要用绘画形式展示结果，2年级的学生画出各种物体通过筛子的过程和结果，6年级画出对金子的理解；计算机课，7年级的学生在电脑上画出机器人运动的轨迹；中文课，学生画出与词语对应的物体……在我们听过的课中，绘画真的应用很广泛，但不难看出，学生的画作真实地反映了学生的掌握程度。

3天的跟岗，我们感受着Highgate Primary School的动静分明，铃声一响，校园里即刻安静下来，下课铃声响起，校园里立刻欢腾起来。与国内的课堂不同，他们没有我们常用的齐读，更多采用的是个别学习、小组学习。对比而言，我们的齐读让学生有了滥竽充数的机会，对于那些中下层的学生，容易照顾不到位；澳大利亚这边采用个别学习、小组学习的方法，方便教师关注每一个学生，那些中下层的学生也能从其他学生处得到帮助。但我们的班额太大，一个班就有60人，小小的教室里坐得满满的，教师走下去也会不太方便。而在我们跟岗的Highgate Primary School里，校园占地面积比我们大，学生却只有600多名，每个班平均不超过25人，这样一来，教师就很容易做到关注差异，因材施教。

3天的跟岗，让我们发现了学生的提问能力。今天的机器人编程课，是副校长皮特执教，由于电脑出现了小毛病，不能进行程序编写，所以，皮特觉得很懊恼，无奈之下，皮特让6年级的学生向我们提几个问题。这些学生真会提问！

"中国一个班有多少个学生？你们觉得中澳教育最大的区别在哪里？你们会更重视哪些科目的教学？你们的学生爱学习吗？"一连串的问题，让我们觉得惊讶！这些问题好像不应该由学生提出，在第一天的座谈中，我们也只是向皮特校长问了类似的问题而已，没想到6年级的学生也能关注到这些，而且提问的学生不会跟着前一个学生的提问方向继续，而是各自问出一些各自关心的内容。当时我就想，如果放在我的班级里，学生估计提出的问题就会雷同了。从提问也看出这边的教育更注重个体，注重让每个学生有自己的问题，这样也就发展了学生的独立性。

3天的跟岗，让我们发现了Highgate Primary School对科学、艺术、音乐课程的重视。学校设有专职的科学、艺术、音乐教师和教室。上这些科目时，班任教师要把学生带到指定的地方，教授学生相关的学科知识。这些教师都十分专业和敬业，他们享受着教学的乐趣，与学生共同学习、共同研究，课堂上充满乐趣。每周，学校还会从外面聘请专业的科学教师给学生上课，这是我们做不到的。由于师资配备不足，我们的学校经常是由主科老师兼任科学课和综合实践课，为了要考试成绩，很多的科学课、综合实践课被上课教师直接挪用了，有的学校，学生干脆不带科学书和综合实践书，因为从来不上。由于缺少了对自然科学的学习，缺乏动手操作实践，所以我们的学生对学习的看法是机械的、无趣的、死板的，甚至有的教师也会这么认为，但我们却很难去改变这样的现状。

离开Highgate Primary School时，我们碰到一位在当地居住的中国老太太，在交谈中，这位老太太也十分认可这边的教育，虽然她也曾经在国内当过中学教师，但她却十分欣赏这边的教育模式，她认为最大的区别在于这边的教育重视培养学生的动手能力，重视与生活实际的联系，而国内的教育往往是脱离生活实际的。对于这一点，我也同意。如果我们的学校也能像澳大利亚那边一样重视科学课、综合实践课等操作性的课程，那么我们的学生就会觉得学习很有用，因为生活中处处都是学习的资源。

3天的跟岗，让我们发现了教师开发教学资源的主动性。第一天，皮特校长告诉我们学生没有统一的教材时，我们都觉得很诧异，没有教材教什么！但3天的跟岗实践，却让我们发现，学生虽然没有统一的教科书，但同样学得津津有味，这除了有TfEL计划的指导，更多的是教师要根据这个计划的指引去寻找教学资源，如果教师偷懒了，那么学生就学不到东西了。这样也挺好，可以让教师更主动。我们翻看了各个年级的作业本，没有固定的格式，但每一位学生都能在课堂上按时完成一节课的作业，这些作业本翔实地记录着教师教了什么，学生学了什么。像中文教师罗拉，为了上好中文课，她要上网寻找很多的教学资源，她还把这些网站都发给我们，方便我们寻找资源。

3天的跟岗，还让我们发现了澳大利亚基础教育对儿童的关心。跟岗之前，教育部的教师就再三提醒我们，我们去到学校，不能进学生的厕所，不能随便给学生拍照。参观期间，每一次我们需要上厕所都必须问清楚教师厕所在哪里才敢去。跟岗的3天里，我也一直遵守着这个规定。其实，刚开始的时候觉得好像没这个必要，但过后细想，这很有必要，这是对学生的一种尊重。我们出去参观学习很喜欢拍照留念，但并不是所有地方、所有人都允许拍照。去年在台湾时，我们想拍学生，也被学校制止。在Highgate Primary School跟岗的第一天，我们想给上中文课的学生拍照，罗拉老师马上询问学生，是否有谁的家长签了协议，不同意被拍照，当所有学生都回答没有的时候，罗拉老师才同意让我们拍。这些与我们的观念相悖，在我们看来，这都是理所当然的，但对于学生来讲，他可以按照自己的意愿来做出决定。这看似简单的细节，恰恰反映了学校对学生的尊重与否。

3天跟岗，时间太长，因为我不会说，大部分又听不懂，偶尔真的会感觉时间太长；3天跟岗，时间又太短，因为短短的3天不足以让我更仔细地发现与对比两地的教育差异。但不管怎样，这3天，收获真的很多。

（2014 年 11 月 28 日晚写于阿德莱德市）

墨尔本 Lauristo Girls' School 参观有感

昨天，我们一行24人乘机来到了墨尔本，这里的城市绿化给我们留下了深刻的印象。今天一早，天气骤变，下起了阵雨。我们冒雨展开了在墨尔本的考察。第一站是 Lauristo Girls' School。

Lauristo Girls' School是当地有名的一所私立学校，成立于1890年。学校秉持严谨、创新和提供引人入胜的学术及联课方案，鼓励学生学术、体育、服务、创意和社会活动相结合，重点是培养参与意识和兴趣。学校提供的学习项目包括：艺术—珠宝制作、写生、缝纫、纺织、摄影、社区服务—劳里的世界（国际意识）、环保者环保意识、慈善机构支持、棋、戏剧和演讲—辩论、沟通与演讲、体操（外部供应商）、音乐—合唱团、独立的私人音乐课、音乐团体的范围、运动—户外教育—Active8、健美操、街舞、普拉提、划船、跑步俱乐部、雪地运动、游泳阵容、瑜伽、网球（外部供应商）等。今天，我们主要参观了学校的小学部和幼儿园。

在小学部校长汤姆先生和两位中文老师的陪同下，我们先到学校的学前至2年级的教学分部参观。拐过街角，进入校园，与其说这是一所学校，不如说这是一个花园，沿着弯弯的小径，到达教学楼，这是一座有些年代的建筑。在这座楼房里有两个学前班、一个1年级、两个2年级。教室分布跟阿德莱德市的学校一样，采用了连体教室。每个教室都布置得很温馨。走进一年级的教室，我们发现课桌上摆放着缝纫机，挂着很多布料和衣裙，经主班教师介绍，我们知道这是一年级学生本学期的探索主题：时装设计。真没想到一年级的学生就能做出这么漂亮的衣服！

参观过程中，最令我们印象深刻的是6年级的探索课程。来到6年级的教室，学生们正在各忙各的，有的在使用电脑，有的在地上剪剪贴贴，有的在桌面上写写画画，看上去十分忙碌，但又很安静。主班教师向我们介绍了他们的探索课程，每个学期由学生提出10个感兴趣的问题，然后围绕着这10个问题，学生展开研究，继而通过海报、PPT、小电影等形式形成探索作品。主班教师向我们展示了几份作业：一份是学生对警察工作的研究，她通过一份简报向我们介绍了最初的警察是怎样的，中间经历了哪些变化（如制服的变迁、地址的变迁、工作范畴的变更等）。有一名学生研究的是英国皇室，她通过简报呈现了英国皇室的成员组成、皇室的趣闻……这位学生在研究过程中，还特地给英国皇室写了一封信，并收到了附有皇室成员亲笔签名的回信和一些图片，小女生对此非常骄傲。另一名学生研究的是中药，她将收集到的资料做成了一部小电影，很有意思！这些学生的作品让我们感慨良多！

下午2：00，汤姆校长带着我们来到小礼堂，今天是5年级的探索汇报，全校的学生、教师和5年级的家长都应邀前来观看。一进会场，我们感受到现场的热闹：学生们一排排坐着，有的学生为了展示其作品，更是盛装出席。桌面上陈列着她们的研究成果，有小册子、有画报、有电脑、有实物……前来参观的教师、学生、家长纷纷驻足，向作品主人询问，小主人一一作答，很有点儿像国内的招聘会。我对一名穿着羽绒衣、戴着棉帽子的女生很好奇，在一名来自中国的学生的帮助下，了解到这名学生研究的是滑雪运动的变迁，她展示了第一代滑雪板，从20世纪50年代的滑雪板和她现在使用的滑雪板可以看出，滑雪板从粗糙变得精致，体积也从大变小，她还带来两柄手杖，一柄是早期的滑雪手杖，比较笨重；一柄是现代的，明显轻巧许多。这名女生还把自己收集的资料整理成册，让观众一目了然。其余学生的作品同样出色。对于5年级来讲，她们的探索主题是世界的变迁，围绕着这一主题，学生展开了多方面的研究，有的研究服装的变迁，有的研究奥运会的发展变迁，有的研究纸的变迁，真是五花八门，但不可否认的是，学生们经过8周的研究，确实很有收获。展示会现场，还有学生评分和教师评分。综合起师生的评分加上学生的自评就构成了学生的成绩，这比我们的考试评定客观得多。

半天的参观，Lauristo Girls' School 给我们留下很深刻的印象，校长的专业、教师的用心、学生的自信，还有那一份份精彩的作品都值得我们久久回忆。

（2014 年 12 月 1 日晚写于墨尔本市）

墨尔本 Beaumaris North Primary School 参观有感

今天，我们继续参观墨尔本当地的小学 Beaumaris North Primary School。学校距离我们住的地方较远，坐了一个多小时的车才到。一下车，我们就被学校的海马图案的校徽吸引住了。

Beaumaris North Primary School 与我们之前参观过的大多数学校一样，使用的是 IB 课程。IB 小学课程的教与学是一个国际项目集中在整个儿童总体的发展下如何发展国际化思维的概念。PYP 倾向于发展具有国际头脑的学生，演示 IB 学习者概要文件的属性。学校的愿景是与整个社区合作，构建一个有效的、关怀的和动态的学习社区。

为了迎接我们，校方为我们准备了充足的资料，如课程理念的介绍、校园环境的参观、学生作品的介绍、课堂教学的观摩、双方教师的交流探讨……让我们全方位地了解IB课程带给学校、教师、家长的影响。

学校占地很大，但教学用房全部采用板房，我们猜测，这样的建筑可以节省资金，便于学生活动，哪怕是遇到地震等灾害，也便于学生逃生。教学用房根据年段划分出学前、1～2年级，3～4年级，5～6年级，基本是一个年级共享一个教学活动空间。

在校园参观的过程中，我们最感兴趣的是教师对学生的态度评估。每个班级都有一个评估展板，教师会根据学生在每一个主题学习中的表现给予及时的评价，评价围绕着Inquirer、Communicator、Thinker、Risk-Taker、Knowledgeable、Principled、Reflective、Caring、Open-minded、Balanced。在相应的项目下面分别粘贴着学生的照片，对于音乐、美术、科学等专业课，则由上课教师根据学生的表现，分发相应的小纸条让学生带给主班教师，便于教师全面评价学生的综合表现。这样的操作简单易行，直观且及时，既没有硬性的达标要求，又在一定的范围内允许学生有突出的表现，换种说法就是充分认可学生，鼓励学生自我发展，肯定学生的点滴进步。

我们跟随6年级学生的指引来到5年级教学区，5年级的三个班在集中上课，共同学习如何录制音频，在10分钟的集中讲解结束后，学生分成小组进入各自的教室开始操作。接下来的时间里，我们看到教师不断地巡视、了解学生的操作情况，及时解答学生提出的问题，并帮助有困难的学生调试，一个年级的40多名学生全部动了起来，三个主班教师来回穿梭，学习氛围很浓厚，很快就有学生完成了录制，拿起电脑得意扬扬地走去让教师评分，从学生脸上洋溢着的笑容就知道他非常享受和非常快乐。

经过这么多天的参观交流，我们对国际教育IB课程也算有了比较清晰和全面地认识：IB课程的模式采取多种渠道多种教学方式，使学生不仅在课堂上，也通过其他方式学到知识。IB小学项目除了培养学生具有一定的学科知识以外，还注重他们在社交、体育、情感和文化方面的发展。PYP国际课程包括"五个发展要素""六项跨学科主题活动""六组学科"，它强调学科交叉和主题渗透。"五个发展要素"，即知识（knowledge）、概念（concepts）、态度（attitudes）、技能（skills）、行动（action）。"六组学科"，即语言（language）、数学（mathematics）、社会（social studies）、科学与技术

（science and technology）、艺术（arts）、个人/交往/体育（personal，social and physical education）。"六项跨学科主题活动"，即自我认识（Who we are）、自我表述（How we express ourselves）、自我管理（How we organize ourselves）、生活时空（Where we are in place and time）、世界运转（How the world works）、共享地球（Sharing the planet）。

（2014年12月2日晚写于墨尔本市）

传承与创新

——墨尔本大学参观有感

今天，我们参观了墨尔本大学，印象最深刻的就是墨尔本大学的传承与创新。

墨尔本大学在澳大利亚排名靠前，部分学科的排名居世界前列。而且，墨尔本大学的校园很大，校区很多，里面有许多古老的建筑被保留了下来。据说，墨尔本大学创建初期只有3名教师和15名学生，至今已有300多年的历史。漫步在墨尔本大学的校园，最喜欢那里的长廊，非常有欧洲风情。矩形的长廊，纵深、绵延，站在长廊里就像走进历史的长廊。只要是上学的日子，这里就会有许多学生捧着书或站，或坐，或靠廊柱阅读，很有诗意，如今，这个矩形长廊也成了墨尔本大学的最佳摄影点之一。

穿过矩形长廊，来到艺术专业的教学楼。教学楼外侧是古朴的，教室却打破了传统的概念，很像议会大厅，中间是授课者、发言者，四面围坐着观众和听众，三个投影照顾到各个角落的学生。这是墨尔本大学近年改革的一大举措，改变教室布局，拉近师生距离。

从艺术楼出来，我们看见一座红色的楼房，这座楼建于1888年，又称为1888楼。楼房之所以出名，是因为这里既是研究生上课的地方，又是研究生办公、研究的地方，研究生可以向学院申请自己的办公室用于办公、学习和研讨，这是墨尔本大学优于国内其他大学的地方。

离开1888楼，走过两个街口，我们走进墨尔本大学的研究中心，这里的建筑风格非常时尚，一楼大堂，各种材质的建筑材料混搭着，给人时尚的冲击感。这座楼高7层，3~7楼都是实验研究室，墨尔本大学各个派系的教师、学生都可以向学校申请研究室进行研究，这是墨尔本大学的另一个优势。

墨尔本大学的校园大体保持了原有建筑的外形，古典、古朴、耐人寻味，但其课程的设置却打破了传统，在8年前来了个翻天覆地的改变，由原来的一百四十多个本科专业转变成6个学科，这么大的改革，在实施初期引起了很大的震动，但改革者不改初衷，顶住了来自各方的压力。墨尔本大学改革的宗旨是让本科的学生能学到更加全面的知识体系，并能从中选出自己的专业研究方向，这跟国内大学的选科有实质性的区别。国内的很多大学生在高考后挑选专业的时候比较迷茫，自己都不知道自己喜欢什么，什么才适合自己，进了大学之后很容易后悔选错了学科。而这种情况在墨尔本大学基本不存在，学生需要调整专业很容易，而且学科兼容性很强，学生比较清晰自己的研究专长。

8年来，墨尔本大学的这一课程变革给墨尔本大学带来了很大的好处，最直接的体现是学生就业率很高，学校的知名度在各项排名中不断上升。

一所有着几百年历史的学校，如果故步自封就容易停滞不前，只有大胆创新才能走出新路，迎来春天。墨尔本大学是这样，任何一所学校都应该是这样。

（2014年12月3日晚写于悉尼市）

悉尼两所小学参观有感

昨天接近凌晨才入住，忙乱中昏昏入睡，为了不影响今天的公务参观，早上又早早地起来，一整天都因休息不够而昏昏沉沉。今天我们参观了两所学校，一所位于悉尼市郊，叫林中小屋学校；另一所是位于邦迪海滩旁边的邦迪小学。

林中小屋学校校园面积不大，全校共三百五十多名学生，只有18名教职员工。学校已有一百多年的办学历史，早期有男校和女校之分，后来合并成一所学校，共有22位校长在这所学校工作过。现任校长是比尔。比尔校长给我们介绍了学校的发展历史和办学特色。学校很注重艺术、音乐和阅读的教学，在校园参观的时候，我们看到高年级的学生正在图书馆里上阅读课。在学校礼堂四周的墙壁上，张贴着学生的世界名著插画作品，如《彼得·潘》《爱丽丝梦游仙境》等，学生的画工精美，颜色鲜艳，画作栩栩如生，看得出学校在阅读推广方面所付出的努力。

离开林中小屋学校，我们驱车来到位于邦迪海滩旁边的邦迪小学。校长亲自接待了我们，并带着我们参观、听课。这所学校共有五百多名学生，占地面积比林中小屋学校要大，学校开设的科目也与林中小屋学校有所不同。我们观摩了学前班的课和五、六年级的阅读课。这所学校的五、六年级是混班上课，像我们国内的复式教学班，今天的阅读课主题是关于土著文化的研究。上课教师事先给学生播放了一部关于土著文明的电影资料，而后请学生根据所看到的和理解到的画一画，最后通过电脑进行写作。一位女学生撰写了这个主题的关键词。学生在主题阅读活动中人人参与，人人动手，人人的作品都不一样。

邦迪小学旁边就是邦迪海滩，那里有邦迪海滩救助中心。我们刚进校园的时候看到一个班的学生正在教师的带领下前往那里上社会实践课。这是我们可望而不可即的，由于各种安全事故的发生，我们已经有十多年没组织过春秋游了，就算是这样组织学生外出参观的活动也不敢，因为学校和教师负不起安全事故责任。

邦迪小学还开设了一些很有趣的科目，像舞蹈课，每周一节，学生在教师的指导下学习瑜伽、健身操、现代舞等，既锻炼了身体又练了形体，又培养了气质。

也许是参观的学校太多，也可能是太疲劳，我感觉今天的两所学校与其他学校大同小异，亮点不算突出。

（2014 年 12 月 4 日晚写于悉尼市）

我看澳大利亚教学的严谨与自由

2014年11月16日至12月6日，我有幸参加了广东省教育厅组织的广东省小学名教师基础教育的行为与建构教学模式赴澳大利亚培训团，先后去了南澳州首府阿德莱德、维多利亚州的墨尔本以及新南威尔士州的悉尼。在南澳州教育部接受了3天集中培训后，我们参观了阿德莱德7所中小学、2所大学，并在其中一所小学进行了跟岗；在墨尔本参观了2所小学和1所大学，在悉尼参观了2所小学。20天的访问，我们收获满满，感触良多。

澳大利亚是个联邦制国家，位于南半球，面积769万平方千米，居世界第六位，仅次于俄罗斯、加拿大、中国、美国和巴西，约相当于五分之四个中国；它东临太平洋，西临印度洋，海岸线长达37000千米，是世界上唯一一个独占一个大陆的国家。人口2200万，约为中国的七十分之一；首都堪培拉，位于最大的州新南威尔士州。澳大利亚有六个州、两个领地。六个州分别是1901年曾各自独立的英国殖民地，其他没有被当时的殖民区管辖的地方，在1901年之后就成为联邦政府直接管辖的领地。澳大利亚只有两个领地，北领地和首都领地。各州州长由各州独立选举产生，领地的最高行政负责人是行政长官，其自组政府的权力源于联邦政府的授权。各州在某些领域可以自行立法，而联邦政府不能干预；领地也可以自行立法，但其立法权来源于联邦政府的授权。

在南澳州考察时我们发现，澳大利亚人兴趣广泛，特别喜欢体育运动。在海边，冲浪、帆板、游泳、钓鱼、沙滩排球是他们喜欢的项目；在中心城市和郊区，大大小小的免费公园随处可见。每到夜幕降临，众多的地滚球场地上早早就聚满了爱好这项运动的中老年人；走在大街上，你也会经常看到一些老人和青少年，骑着自行车飞快地穿梭在街道的车流之中。澳式足球、橄榄球、赛马等也是他们热衷的体育项目。

澳大利亚是一个高收入、高福利、高税收的"三高"国家。澳大利亚人的工资收入水平虽然比较高，但工薪阶层之间的收入差别并不是太大，而且每人都享受着国家的众多福利政策，其个人所得税标准也随着个人收入水平的提高而不断增长（有的高达45%以上）。澳大利亚人的工资一般是每周发一次（公务员或者大机构每两周发一次），发工资的日子通常是星期四或星期五。因此，澳大利亚的餐馆、酒吧、百货公司在每周的星期五、星期六时生意特别好。一些不注意安排花钱的人，就会有周末富贵、周初贫穷的现象。不过，这都没有关系，因为再过几天，又是快乐的周末了。有人说，"No Worries, No Problem（不必担忧，没问题）"是澳大利亚的国魂。是的，没有烦恼、始终保持乐观心态，是几乎所有澳大利亚人的精神之魂。

在澳大利亚访问的20天，除了对当地的民风民情有了了解，也对当地的小学教育也有比较深入地了解。在学校参观和跟岗中，给我留下深刻印象的是澳大利亚小学教学的严谨和自由。

一、教学管理的严谨和教师教学的自由

澳大利亚的教学管理十分严谨。我们参观的大部分小学都设有行政管理中心，这个中心既是开放的，又是封闭的。大多数学校的行政中心设计的都像酒店大堂，里面的工作人员彬彬有礼，对来客基本上都是有求必应。由于当地有相当一部分国际学生，这部分学生大多数寄宿在当地人家中，如果孩子迟到、早退、请假，都要由监护人领着到该行政中心登记，除此以外，该行政中心还承担了对外接待以及接受采访和问询的功能，所以它是开放的。与国内学校设置的门卫不同，在行政中心问询处工作的大多数是一些年长的女性，笑容和蔼，也没有固定的制服。

说它封闭，是因为行政中心内设行政办公室、教师休息室、洗漱室、文印室等，要进去必须通过一个安全门禁才行。教师只有在上下午的茶歇时间才可以到休息室一聚，其他时间，教师都得在自己的教室里管理学生，准备教具和教学内容。而且，行政中心一般与教室保持一定距离，避免了对教学的干扰。

走进每一所学校的行政中心，给人的感觉都是窗明几净，一尘不染，十分简洁，由此可见管理的严谨。

以我跟岗的Highgate Primary School为例，学校招收学前班到7年级学生，现有600名学生，35位教师。学校根据州政府的相关条例，会根据不同年级的学生需求给予相应的教育资金投入，原则上学前班到3年级学生得到的教育资金相对较多，4～7年级学生得到的教育资金相对较少。从教育资金的投入可以看出一个国家或地区对教育的重视程度。澳大利亚对教育的支出和投入占了其行政支出的很大一部分，由此也可以看出澳大利亚政府在制定教育制度时的严谨。

在参观的多所学校里，走进教学区，我们都被花花绿绿的教室文化所吸引。相比于章程性、制度性的严谨，教室文化的布置明显自由化。由于澳大利亚的小学实行包班制，以南澳洲Highgate Primary School为例，一个班一周课时35节，主班教师就得承担31节课时，这么重的课时量在国内（偏远山区除外）是看不到的，这个班另外的4节课由专任教师来上，比如美术、音乐、科学……而主班教师则利用这4节课的空闲批改作业和备课。表面看来，教师工作量很大，很辛苦，但在参观的过程中，我们没有在任何一位教师的脸上看到倦容和

无奈。这是为什么？

在与教师的交谈中我们得知，当领取了教师从业资格后，教师的工作就变得自由而独立，你可以自由选择与哪位教师搭档，特别是在学校有连体教室的时候，教师就可以选择自己喜欢的搭档一起任教同一年级；你可以按自己的意愿布置教室和展示学生的作品；你可以在自己担任的31节课时中根据学生的学习情况随时调整课程；你可以自由选择让哪位教师来帮助自己，不需要我们的"师徒结对"；你还可以自由地与同年级的教师协商调课，这些全部不用受到监督。我们曾询问Highgate Primary School的皮特副校长，校长和学校行政是否需要去巡堂，检查教师的上课情况，皮特副校长告诉我们：首先，学校校长和行政不会去巡堂，这样容易影响师生的教与学；其次，教师都是经过专业考评获取教师资格的，在此之前，每一位教师都进行过专业的训练，他们知道要遵守什么样的职业操守和准则，他们在教学中有困惑可以求助专业团队，比如南澳州教育部花了15年时间研究推广的TFEL计划，其间就包含给教师的教学建议和给学生的学习建议，因此不需要校长和行政来监督；最后，取得教师资格的从业人员还要每年完成教育部规定的培训课程，但培训时间和培训任务可以自由选择，教师教学能力的评定会有专业人员来校评议。在Highgate Primary School跟岗的最后一天，我们看到曾给我们上课的音乐教师薇薇安，她是位临聘教师，还未取得长久的教师资格证，当天，有位女士带着问卷来到她上课的班级，全程记录薇薇安老师的课堂，评价量表我们看不懂，但旁边的教师告诉我们，这是教育部委托专业的人士正在对薇薇安老师进行课堂教学行为的评价，这些评价指标都会记录在其个人档案之中。正因为有了这些专业人士和部门，所以学校对于教师十分信任，因而不需要再通过巡堂、听课等行为来调控教师行为。正是因为这样，教师的教学就可以自由的"随性而为"，也正是因为这样，就算是一周31节课时，教师也没有倦容，试问有什么比干自己喜欢的事情更开心呢？

二、课程安排的严谨和教学内容安排的自由

在澳大利亚，小学的课程设置是严谨的，每所学校在课程设置方面都要参考全国课程标准的指引，像英语、数学、科学、美术、音乐、科学、历史、地理、健康、体育、技术是必开课。每个班，每位教师都有属于自己的课程表。

同时，学校还可以根据自身情况选择性开设外语课、烹饪课等特色课程。比如我们参观的学校中有的开设了意大利语为第二语言课，有的开设了中文为第二语言课，还有的学校选择了日语或韩语，学校一旦选定了第二语言，那么在校园文化的布置上就会有所呈现。

在如此严谨的课程设置里，居然没有教材，这让我们觉得非常不可思议。没有课本？那学生在学校里都学些什么呢？教师在学校里都教些什么呢？在 Highgate Primary School，皮特副校长解释说，澳大利亚教育部门制定了达标标准，即每个年级、每个年龄段的学生需要达到的何种教育标准，据此，每个学校会根据教育部的标准因材施教。但学校很少用教材，这样做是想不以课本为中心，鼓励教师发展教材。

在澳大利亚，许多良善的特质，是政府、学校与社会三方共同作用，对人民成功教育的结果。这是在整个国家全体人民对教育有正确的共识的基础上形成的，政府部门、民间组织、各种机构、场所都以积极的态度与学校互动合作，成为学校教师最坚强的后盾。比如，认识环境与动物的关系，从幼儿教育就已经开始。孩子会去动物园参观，也会有动物公司派专家带着动物来学校让学生近距离接触。课堂上，学生们可以充满好奇地抚摸小鳄鱼、蜥蜴和蟒蛇，了解它们的习性。不由得令人感慨：教育的目的，不正是让孩子们正确认识这个真实的世界吗？课程与生活紧密结合，学生也能将知识与技能自然地运用到生活中。澳大利亚的教育环境堪称令人感动！这段话出自双语小学一位教师之口，却能帮助我们更好地认识没有教科书的好处，试问哪本教科书可以与生活媲美？

摆脱了教科书的束缚，教师的教学更加自由和开放，教师的教材研发能力也得以开发。我们看到三、四年级的教室讲台摆放着一个透明的箱子，里面有枝叶和几只褐黄色的昆虫，那是澳大利亚特有的螳螂，这种螳螂属于无性繁殖，把这些小螳螂放在教室讲台，学生们一有空就围上前来观察，教师还以螳螂为主题，组织学生观察，写观察日记，给螳螂画像，给它编故事……学生在此过程中玩中学，学中玩，伴随着螳螂不断长大，生儿育女，这个过程是快乐无比的，但不可否认的是学生们通过一个学期真正了解了螳螂的生活习性，也能用流畅的文字记录、介绍螳螂，试问如此鲜活的教学实例还需要教材吗？有的时候我们真的为澳大利亚的教育体制赞叹，其巧妙地与社会制度相结合，自然地融入生活，真正达到了"潜移默化"的教育效果，真正调动和发挥了教师的主观能动性。

反观我们身边的很多教师，一旦开学时未能及时领到教科书就不断抱怨"没有教科书怎么教？"有的时候，我们的很多教师惰性和依赖性真的太强，这是否也与我们的教育体制有关呢？

三、评价体系的严谨和评价手段的自由

我至今难忘在南澳州教育部听过的一节关于评价的课，主讲教师Carmel Dineen和Kerry Hugo深入浅出地给我们讲解了他们是如何制定标准评价？如何设计评价项目？如何让评价在教学中发挥作用：使学生不断进步，使老师在反思中得以提升专业素养？

相对于体系设计的严谨，教师在实际操作中使用的评价手段却可以十分自由。教师用得最多的评价就是肯定，每一次作业后及时的肯定和展示是每一位学生和家长最期待的评价。

我们在Highgate Primary School听了一节4年级和1年级的"BODY"课，4年级的学生到1年级指导学弟、学妹们完成用纸碎做雪人。4年级的学生是一对一的指导低年级的学生：如何构图？如何剪纸碎？如何粘贴？如何剪贴帽子和手臂？如何把作品固定？学生与学生之间就像兄弟姐妹一样，特别好玩。两位主班教师的工作就是在教室里巡视，及时解决学生的需求，并及时帮助学生展示完成的作品。在巡视过程中，教师很关注学生在过程中的表现：比如有的4年级学生在指导过程中会不耐烦，主班教师就会先肯定低年级学生的做法，再调侃似的批评高年级的学生，好让他少安毋躁，因为每个人都是不同的个体；接下来，教师悄悄地告诉高年级的学生怎样说和做才能让低年级的学生明白；最后，当这组学生顺利完成小雪人时，教师非常夸张地竖起了大拇指给两个学生。

在教育教学中，我们看到和感受到澳大利亚的教师关注的不仅仅是一个结果，更注重的是对过程的评价。在高年级的教室里，墙面上会粘贴校纪校规以及相对应的处分措施，在学生、家长、教师都明确的情况下再对症处理。每个学期，学生会收到两份评价报告，评价等级从A～F，教师会在报告册里告诉家长学生要努力的方向，教师也会从家长方面获取信息，比如家长对孩子的期待，家长对教师的建议等。

在澳大利亚的法律中有反歧视条例，因此，澳大利亚更提倡的是全纳教育。澳大利亚政府规定国内6~17岁的孩子必须接受教育，对于十五六岁的学生，则应该关注其特殊的要求。因为如果学生的诉求得不到关注和满足，学生就会把情绪发泄在学习上，这样就会出现问题，尤其是一些表现不好的学生。他们为什么会表现不好？可能是因为心智、语言交流不好，像自闭症的学生，他们容易封闭自我，这样，教师就有可能误解他们的诉求，学生得不到满足，就会表现不好。对于个别智障、残障或有其他问题的学生来讲，他们在学校里得到的机会与其他学生是均等的。对于那些有特殊需求的学生，学校会给予特殊的帮助，这些帮助可以在课堂上，也可以在课间，而绝对不会发生在课外。所以我们在参观的学校里均能看到上课期间，有教师正在公共学习空间里有针对性的一对一辅导，有的是国际学生，英语程度不太好，有的是学习能力稍差的学生，这些教师在学校里一般都是专职专任的，他们经验丰富，能针对不同的学生采用不同的评价手段，帮助学生在评价中获取自信，获取进步的动力。教师关注的是学生个体发展，所以一切的教学行为均要成熟考虑，高度关注学生的心智发展。

我们的评价则更多地侧重于结果，忽略过程的评价。我们知道，没有过程就没有结果，过程决定着结果，所以注重过程，能对学生有更进一步的了解，更能发现问题，是直接为结果服务的；其次注重过程性评价中，学生在学习过程中是受关注的，能有效地激发学生的学习兴趣、保持学习积极性。同时，这也能比较全面地评价学生，也有利于学生的持续发展。

澳大利亚的学校一年分四个学期，每十周为一个学期，对于中高年级的学生，一学年至少要完成两次主题探索。每一次主题探索汇报就是一次大型的展览会，汇报的学生会携带自己的作品盛装出席，前来参观的包括全校的教师、学生和家长，主班教师会根据学生在会场的表现（待人态度、成果形式等）给予及时的评价，参观的学生也可以根据自己的喜好投票给自己喜欢的作品，家长的到来就是对学生最好的评价。见到家长，学生会十分自豪地说："爸爸妈妈，这是我的作品！"最后学校会综合师生、家长的评价给学生一个客观的评价。这样的评价远远好于我们惯用的分数评价。分数评价大多来自于学校和教师，评价的形式单一不说，而且容易给学生造成一定的心理压力。再者，我们通过分数评定的内容往往是机械读记的内容，这样的内容对于学生步入社会后又有多少用呢?

四、教学资源建立的严谨和教学方法的自由

墨尔本Lauristo Girls' School是一所让我印象深刻的学校,不仅仅因为它是我们参观过的唯一一所私立女校,更多的是在于其小学部校长汤姆先生对教学资源建设和备课流程表的解读。

Lauristo Girls' School的网上办公系统十分完善,在这个系统中,除了体现对教师工作的管理、学生资料的管理,还有一个完善的网上教育资源库,这个资源库是由学校的老师共同创建的,里面包含了许多链接,方便师生寻找教学资源。

相对于办公系统和资源网站的严谨,教师的教学方法则是百花齐放、百家争鸣。两年前,学校组织教师讨论并撰写了教学内容图表,图表明确指引教师该怎样做。与我们平常备课步骤不同的是,教师在备课时会先自问根据教学大纲,学生能学到什么?接着会思考根据这些教学内容该从哪些方面评估学生;之后组织学生围绕着教学内容开展活动;最后教师会将所有的教学资源都上传到校园资源库里。这个过程中最让我欣赏的是教师会在备课时先考虑学生应该掌握什么知识,这些知识要通过哪些活动获得。而我们在教学中往往是先完成教科书的内容,教完后再来考虑测评的内容,在这个过程中,学生往往是跟着教师的思维走,跟着教科书的内容走,鲜少有动手实践的机会,即使有也多是形式上的,这样一来,教师的教学方法变得唯一,测评目的变得唯一,测评手段也变得唯一,不利于学生的综合素质发展。

因为当地临近暑假,所以很多学校已经结束了教学,这多多少少给21天的澳大利亚培训之旅增添了些许遗憾,但庆幸的是,这一趟我们还是看到了许多我们想看的东西,找到了两国在教育理念方面的差异,寻求到思考的契合点。感谢省教育厅给我们提供了这么好的学习机会,感谢广外艺的带队老师对我们的关心。

（2014 年 12 月 25 日完成于广东肇庆）

跟岗总结与读书报告

做幸福的语文老师，上幸福的语文课

——"雷婷名教师工作室"跟岗总结

2013年5月5日，我按照广外艺的安排，来到了位于广州市江南西二小的广东省特级教师、名教师雷婷副校长的"雷婷名师工作室"，开始为期10天的跟岗学习。在10天的实践培训时间里，在与名师近距离接触中，在与同行的真诚切磋中，我收获丰盈。

一、踏进名校，师从名师

广州市江南西二小是省一级学校，位于江南西路紫玉大街18号。2013年5月5日的下午，我拖着行李，循着一阵阵琅琅的书声，终于在一家大院里找到了学校的校门。门卫大叔慈祥的笑容一下子驱散了我方才寻觅的忙乱。步入校园，发现学校如广州市其他学校一样"麻雀虽小，五脏俱全"，整洁的校园环境，精心布置的校园文化环境，楼梯间温馨的提示语无不昭示着学校的办学理念和办学成效。在门卫大叔的指引下，我沿着楼梯上了二楼的名师工作室。这是一间不大的工作室，简单而朴素，陈设着一张会议桌，一张圆形小儿，一排书架，一台电脑，一台饮水机和几把椅子。左侧的墙面上镶嵌着工作室的理念"做幸福的语文教师，上幸福的语文课"，右侧的墙面做成了一块绿色的展板，上面有雷婷副校长的简介、成绩等。其他的同伴尚未到来，我便认真地读着上面的文字，对导师有了初步的了解：雷婷是广东省语文特级教师，广东省名教师。她热爱孩子，钟情于小学语文教学。二十多年来一直以勤勉的工作表现、优异的教学水平赢得师生和家长的拥戴。她虚心、好学、善思、创新，多次在区、市、省和外省的语文教学观摩会上做示范教学，反应热烈，好评如潮，获奖无数。她具有良好的教育理论水平，在广州市语文学科领域有较高的知名度。已著有个人专著《同伴对话与教师成长》《教育的真情与智慧》共五十多万字。"这真是个了不起的人"！我一边看着，一边替自己能师从这样的导师而感到荣幸。终于，人到齐了，在一阵轻柔的问好声中，我们见到了导师及她的团队。这是一位美丽、知性、睿智、随和的女性。简单地介绍之后，雷校长给我们介绍了工作室的理念、教学特色、运作模式以及我们这10天的跟岗安排等，我们的跟岗算是正式拉开了帷幕。

二、聆听讲座，研读专著

10天的跟岗学习，导师为我们安排了三个讲座：《教育的真情与智慧（十）——从"终点"思考，从"起点"出发》《写作的秘密花园在哪里？》《如何组建和管理教学科研团队》。我尤其喜欢第一个讲座《教育的真情与智慧（十）——从"终点"思考，从"起点"出发》。雷校长在讲座中列举了许多案例，深入浅出地阐述了她对语文教学、课程改革的两点思考，一是从"终点"要思考学生学到了什么。她认为学生应该学会读书的方法、感受人文的力量、揣摩文本的表达、经历思维的挑战。二是从"起点"出发要考虑学生学什么和怎样学。雷校长结合教学现状进行了深入地剖析，提出了"教师在学习内容的选择上选点要准，要做到'文本解读懂取舍、言语训练会聚焦'；在学习方式的指导上要实，要'读悟一体、情思并重'"。雷校长的精辟分析、独到见解，给我们带来了耳目一新的教育观念和教育理论，使我们受益匪浅。同时，我们还认真研读了雷校长的专著《教育的真情与智慧》一书，从书中，我对这位导师有了更深地了解：在江南二小赖海虹校长眼中，她是一位"乐读好学、博览群书、融汇众家所长，形成自己独有的教学风格的，充满高雅气质和童心本真、深受孩子们喜爱的教师"。在江南二小的教师眼中，她是一位"优雅、大气、有个性、爱生活，没有架子，却有才华；没有霸气，却有爱心的老师"。在她的学生眼中，那是"相看两不厌，只有雷老师"。从这本书中，我还了解到雷校长主张的语文教学风格——诗的意境，美的画面，爱的怀抱。她说："风在水上写诗，云在空中写诗，灯在书上写诗，而我，要用智慧，在语文课堂和孩子们的心中写诗。"研读着雷校长的这本专著，脑海里不断地思考着这句话："'一辈子教师'必须'一辈子学做教师'。"是的，随着教龄的增长，越来越发觉做一名好教师不是那么容易。就简单的读书而言，学生是一个装不满的水桶，教师永远是被他们追赶的送水工。要想在课堂上成竹在胸，纵横驰骋，不断读书是一条不错的捷径。

三、步入课堂，研讨教法

在10天的学习过程中，我听了八节研讨课：有工作室成员骆盈盈老师执教的《画家和牧童》，有广州市跟岗的骨干教师陈老师执教的《纪昌学射》，有我们几个同伴执教的研讨课，还有海珠区中心教研组成员张老师执教的习作课。新课标，新要求，新教改，新教法，每一位教师的公开课，展现的都是一种新的教育思想，一种新的教学理念。

骆盈盈老师的课清新自然，亮点纷呈：一是写字教学很扎实，从生字的呈现到要写的字的遴选再到字形的分析、演示、范写、学生书写、评议赏析，环环相扣，实实在在。二是板书设计十分巧妙，教师抓住生字"批评"，把画家和牧童之间的关系梳理清楚，也巧妙地把文章的大意梳理出来了。三是字词句训练扎实。40分钟的课堂上，骆盈盈老师带领着学生品读词句，掌握方法，如拓展近义词构成的词语，说说近义词，结合想象画面理解"纷纷夸赞"，练习用"一……就……""一会儿……一会儿……"说话等，增大了课堂的容量，体现了浓浓的语文味。四是过渡自然，不着痕迹。

广州市骨干教师陈老师执教的《纪昌学射》，大量的课外阅读信息在课内得到了运用落实，陈老师还能抓住寓言故事的特点，注重教给学生学习的方法，尤其注意引导学生联系生活实际去理解文中的句子，整节课充分地展示了教者的个人魅力。但相较于平常的阅读课，我感觉这节课更像一节读书汇报课。

张老师执教的习作课，"导—写—评"条理清晰，张老师的即兴范文导评是一大亮点。

我们几位同伴的课也各有特色。来自梅州的李雪梅老师和吴惠芬老师注重学生的分作合作，自读自悟；来自揭阳的黄巧妹老师抓住段落，让学生读出画面，读出感受；同样来自揭阳的邓景婷老师则是一支粉笔一本书，上出了一节朴实的语文课；来自河源的张月英老师紧扣中心句，抓住鸟儿的变化，引导学生通过不同形式的读感悟"信赖"产生的作用。

课后，雷校长给我们提出了中肯的意见，建议我们"继续深入理解课标、更新理念；认真研读教材、加强课堂实践；大胆创新教学模式、推陈出新"。

四、同伴交流，互助提升

在跟岗学习的10天里，我们采取听课、评课、研课的方式开展教学交流。听课中我们注重学习同伴的教学艺术，评课中注重学习同伴对教材的理解和处理，研课中注重研讨课型和教法的关系。茶余饭后、校园内、往返学校与宾馆的路途中，我们津津乐道地对学校的课题研究、课改成果进行交流，对读书的收获进行分享，同伴们的实践经验常会使我的思路更加清晰，也使我感到学习的重要性和迫切性。

五、品味"幸福"，追求幸福

"做幸福的语文老师，上幸福的语文课"是雷婷名教师工作室的理念。正如雷校长在讲座中说的："只有快乐的有幸福感的教师才能给孩子带来快乐和幸福感。教育的意义在于使人拥有幸福美好的一生；播种幸福的第一要义是让自己活在幸福之中。做幸福的语文教师，上幸福的语文课，是我们的追求！我们的课堂要让孩子们养耳、润心！教育不仅是为了未来的生活，也是为了现在的生活，学生在为今后生活做准备的同时也应该享受现在的生活。"作为一名副校长，她的工作任务无疑是繁重的，但她是快乐的、幸福的。无论何时见到她，你都会发现，她脸上的笑容暖暖的让人感动，你会深深地感受她那让人亲近、和善的人格魅力！

作为在讲坛上工作了23年的语文教师，我也愿意向雷校长那样用幸福的心态上好每一节语文课，带给学生幸福的语文学习体验；我愿意用积极的心态汲取更多的知识，努力提高自己的文学修养，做一名幸福的语文教师。

短短10天的跟岗学习时间一眨眼就过去了，我所收获的，不只是教学教育方面的知识还有雷校长及其他老师对我的指导，以及我们同组学员之间的深厚友谊。这所有的一切，都将是一笔无法估量的财富，让我受用终生。

（2013 年 5 月 20 日）

精心规划职业生涯，品味教师幸福人生（一）

——读《教师职业生涯规划与发展设计》有感

最近一段时间，我反复地读着程振响主编的《教师职业生涯规划与发展设计》一书。这本书分成三大板块：基础理论篇、实践操作篇、成功案例篇。基础理论篇阐述了三个问题：教师专业发展是教师职业生涯的核心价值取向；教师职业生涯发展的支撑基础与理论依据；教师职业生涯设计的目标、内容与程序。实践操作篇结合具体的个案，详细解析了教师职业适应期、成长期、成熟期、高原期、超越期的发展设计。成功案例篇选编了九位优秀教师的职业发展案例，告诉读者教师的职业生涯规划的策略。

读这本书，我收获良多。我明确了教师职业生涯设计是在开放的教育教学情境中，教师主体在内外双重机制的交互作用下，自我规划设计、主动谋求个人职业生涯和专业发展的动态活动过程。教师职业生涯规划与设计是顺应时代的要求，是教师专业发展的一种需要，也是教师自我价值实现和人生幸福的一种需要。

我今年刚满40岁，在教师的工作岗位上已经工作了22年。虽然在最近十年也经常接触"职业规划"这个词，但却从未认真给自己规划过。过去的22年，我时常会给自己设置一些目标，比如我要参加某个比赛，要获奖；又如我要在一年之中影响、改变某个学生，使他进步；又或者是我要撰写几篇论文等。但这些仅仅是小目标而已，有了这些目标，我工作起来会有动力和激情，但这些并不等同于"职业规划"。程振响从教育改革的宏观背景出发，深入浅出地探讨了"教师职业发展"这一时代命题后得出结论："教师要在新的发展形势下更好地因应教育改革，推进校本发展，提升职业的专业性，提高教育教学绩效，必须自觉走专业发展之路……教师的职业生涯规划与发展设计又必须将专业发展作为其核心理念，并使之贯穿于整个职业生涯发展的全过程。"[①]

如何理解"专业发展"呢？前些年，我协助区小语教研员完成了"创新教研模式，促进小学语文教师专业化成长"的课题研究。在这项研究中，我们认为小学语文教师的专业化成长体现在教育、教学能力、课题研究能力的提高。读过这本书之后，却发现我们对"教师专业化成长"的认识过于肤浅了。程振响通过一个图表，具体地解析了教师专业发展的结构体系。

对照图表，我发现之前我们所认为的教师专业发展仅仅局限于教师所具备的专业能力部分的学科能力、课程与教学能力、课堂管理能力和研究能力，换一种说法，则是我们之前把教师的教育教学能力的提高看成了教师专业发展的全部，这是一种狭隘的认识。正是因为受这种认识的影响，我们有的教师会为了成绩而选择惩罚与变相惩罚；有的教师为了提高自身的课堂管理能力，而让课堂成了"一言堂"，学生成了永远的听众和"书记员"，课堂成了"满堂灌"。久而久之，教师会满足于自身现状，容易故步自封，停滞不前。

××老师是我的同事，是一名英语教师。他的课从来都是乱糟糟的，课堂上他讲他的，学生做学生的，听他的课就一个感觉：教师的眼里没有学生。正因为他眼里没有学生，所以他可以随意地把那些"违反纪律"的学生赶出教室；正因为他眼里没有学生，所以学生学会了什么，学会了多少，他从不关心；正因为他眼里没有学生，所以他的学生可以对他嗤之以鼻。我们常常质疑这样的"教师"怎能称为教师？他在多年前通过了教师招聘，应该说他具备了教师应有的专业知识和专业能力，但他缺乏的是一种专业精神。在他的眼里，教师只是一份谋生的手段，而非一项事业。他还这样年轻，如果他不改变这种认识，我担心他最终会丢掉这份他仰仗的谋生手段。

我身边的另一位青年教师，她充满灵性，指导她备课，往往是一点就通。但她身处的教师群体给予了她不好的示范。她所在的教师群体平均年龄37岁，大多数都身兼数职，在学校是教师，在家里是家长、伴侣、儿女，他们都经历过职业的上升期，如今家庭的牵绊，人生的阅历让他们放弃了曾经的理想，挂在嘴边最多的一句话就是"这些机会留着给年轻教师吧"。殊不知，他们的频

---

① 程振响.教师职业生涯规划与发展设计［M］.南京：南京师范大学出版社，2006，12.

频"谦让"让青年教师也渐渐学会了懒惰。我指导的这位青年教师就是这样。30岁出头的她，在短短几年之间已经看破了这一切，学会了投机取巧，懒散应对。对于她而言，她正处于职业的上升期，只要她努力，她会不断超越自己、超越同行。但她却在这半年里渐渐停滞不前，这多少让我觉得有点儿失落。

我认识的另一位青年教师是通过代转公考试成为正编教师的。她在一所镇级中心小学任教。她很爱这一职业，所以她总是认真地学。为了更好地备好课、上好课，她不惜排空整个星期上午的课程，每天开车6千米来我这里跟岗学习，下午又回去上课，中午的时间就用来批改作业。看着她那个星期风里来，雨里去，我心里满是感动：这样的年轻教师怎能不成才？而她在这两年里也的确取得了不少成绩，被区里的名班主任工作室挑选为培养对象，参加区里举办的口语交际课比赛获得特等奖，在学校里被视为重点培养对象等。这一切，与她个人的需求与努力是分不开的。

小胡是我认识了五年的青年教师，初次认识她是在我主持的一次学片教研活动中，她代表所在的学校评课。当时我就感觉这个青年教师很不错。接下来我们成了师徒。在短短的两年时间里，她虚心好学，勤于笔耕，大胆创新实践，在教育教学方面取得了一定的成绩，在参加工作三年后被学校提拔为年级组长，在各方面得到了历练。这其中，更多的是源自于她个人的主动需求，自主发展。这在她的《拜师后……》可以寻出端倪："我想拜师学艺，可识名师易，拜名师难。自己何德何能让名师接受，因此只能暗暗师法……一个学期下来，经过凌琳老师的用心指导，我在以下几个方面得到了启发：刻苦练习，强化素质；观课评课，摸索门路；教学历练，精彩生成……蝴蝶作茧自缚总是很辛苦，然而当破茧成蝶的瞬间，便会感到世界带来的光明。拜师过程中，虽有苦，但是收获更多，迈向了一条开启教学智慧大门的捷径。"这是一位对教师职业充满激情的年轻人，她对自己的职业生涯有着明确的目标——效仿名师，超越名师。我相信假以时日，她一定会成功的。

这些都是我身边的青年教师。职业的规划仅仅适用于青年教师吗？非也。《第56号教室的奇迹》的作者雷夫·艾斯奎斯是一位小学老师，他给人的感受，首先不是教学的技巧，而是一种职业的激情，这是教育最需要的一种精神。雷夫·艾斯奎斯无疑是一位富有激情的老师，特立独行的个性、截然不同的观念、别出心裁的创意都是雷夫·艾斯奎斯教学热忱的体现。在有机会离开教学一线，享受更好的教育条件和待遇时，他却不愿离开他的学生。他服务的丛林小学处于一个充满贫穷与暴力的地区，56号教室里的孩子大多来自移民家庭，成长的环境并不好。但这些孩子经过雷夫·艾斯奎斯的教育，在各个领域都取得了不凡的成就。在他看来尽管教书是件苦差事，但成果却是甜美的。雷夫·艾斯奎斯给全班学生定的座右铭是"好好表现，勤奋学习"，教室正面的墙上挂有"成功无捷径"标语。雷夫·艾斯奎斯说，我希望孩子成为什么样的人，我就首先需要做什么样的人。我希望他们成为一个友善、勤奋的人，因此，我必须是他们见到过的最友善、最勤奋的人。雷夫·艾斯奎斯把自己的热情传染给了孩子们，可以说雷夫·艾斯奎斯是上帝送给孩子们的礼物。对雷夫·艾斯奎斯而言，与学生相处的每一天都是幸福的。他已年过半百，如果他也像其他教师那样"机会还是留给年轻教师吧"，那么他的《第56号教室的奇迹》绝不会成为全球畅销书，他的教育理念和经验也不会受到大家的热捧。由此看来，教师职业规划并不受年龄的长幼限制。程振响认为："教师职业生涯发展的关键期是从角色适应阶段向胜任称职阶段发展的过渡时期，教师能否成功，能否成为成功教师，这一时期至为关键……因此，在职业生涯发展的关键期，教师必须积极进行经验反思，找准自己的角色定位，有效选择自己的发展策略，这是教师走向成功的重要转折期。"[①]

反思自己，在专业知识方面，我具备了通用知识、学科知识、教育科学知识，缺乏对研究知识的了解。在专业能力方面，我在通用能力、学科能力、课程与教学能力、课堂管理能力方面比较强，而在心理辅导能力和研究能力方面比较薄弱。在专业精神方面，我具备良好的专业态度、高度的工作责任心、崇高的信念理想、正确的价值观念和专业理论，但却缺乏创新意识。对照着程振响的分析，我觉得自己正处于职业发展的高原期。因为我对教育教学工作的内容、程序、方法已经非常熟悉，对教师的角色非常适应，因而工作中常会形成一种工作的习惯和定式。用程振响的话来说，我现在正处于职业发展的"高原期"或"瓶颈阶段"。对于现阶段的我来说，最需要的是从经验走向理性，由胜任称职走向熟练超越自我。而要走出这一阶段实属不易。

---

① 程振响.教师职业生涯规划与发展设计［M］.南京：南京师范大学出版社，2006.12：40.

"情境教学"的创始人李吉林之所以成为一位杰出的教育家，在于她勤于学习，积淀了丰厚的传统文化基础，掌握了丰富的心理学、教育学理论；在于她景仰名师、终身学习，既能理性借鉴，又能积极吸收，扬长避短；在于她从不满足于现状，对自己的教育思想不断反思、提升。

年轻的特级教师陈萍始终保持着"在路上"的前行状态。她全身心投入，是教书者更是育人者；她始终热爱讲台，不同时期以不同视角进行教学实践；她勤思善思，从教材创作到专著、论文，笔耕不辍；她以自己的行动感召着身边的青年教师，引导大家一起奔向理想的彼岸。

情智教育，让孙双金老师找到了一条发展自己、发展学校、发展师生的金光大道。"反思—探究—醒悟—再反思—再探究—再醒悟"是孙双金永无止境的探究历程。

善于比较与借鉴，是王力耕老师迅速成为优秀教师的法宝。王力耕始终保持积极的心态，"做事是机会，奉献是积累"，他用积累的心态对待工作，最终成为一名优秀的校长。

"将平凡的事情做到极致"是支持孙丽谷老师一步步走向成功的法宝。在职业成熟期的她为了更好地提升自我，不断学习，积极提炼，并将教学经验转化为理性智慧，不断总结积淀，积极反思优化，最终形成自己独有的教学风格——形象化、生动化、密度高、信息量大，学生印象深，记得牢，收效好。

专家的引领、高层次的学习让陆廷荣老师顺利走出职业的高原期，实现了自我的超越，让他由一个血气方刚、心高气傲的青年变成了一个事业有成、具有远大目标的教学骨干。

"立志成为一名最好的老师"是颜莹老师的梦想与追求，认真、深刻、不断地反思是她成长的动力，"积小智成大智"是她教育实践和反思的所得。历经十年的磨炼，颜莹老师成长为一位优秀的青年教师。

研读这些优秀教师成长的案例，对照自己，我不断揣摩着实现自我超越的途径：我可以超越教材，"用教材教而不是教教材"；我可以超越课堂，创建充满活力的生成性课堂；我可以超越自我，实现师生共同成长，谋求同事合作发展。

非常有幸，在我职业发展的瓶颈阶段，参加了广东省"百千万"的培训学习，我期待专家的引领、高层次的学习让我逐渐走出职业高原期，实现自我超越。为此，我制订了研修计划。

一、研修目标

（1）着重学习学科专业知识，如新课程理念、新课标及新的教育思想、教育方法和策略、课堂教学技巧等，最好能有机会探讨港澳台三地的语文教学，发现三地中小学语文教学的契合点，并不断积累文化底蕴，努力提高执教能力。

（2）制订好读书计划。我虽喜欢读书，但读书缺乏系统性，所以希望在研修期间能够系统地学习、阅读教学刊物和其他领域的专著，做好读书笔记，写好学习心得。

（3）潜心教学科研，积极进行课题研究。以实践活动为载体，将培训心得渗透到具体的教学之中。积极主动地定期进行研究课教学，主动邀请领导与同行听、评课。在实践中提高自己的科研能力，在总结和反思中来突破自己既有的教学模式，让自己的课更加朴实、真实、扎实，让学生的主体地位更突出。

二、研修方式与内容

（1）有针对性地聆听专家的专题讲座，积极与专家探讨目前国内语文教育的热点问题，虚心向同行学习，积极向同伴学习。

（2）以教学、科研的反思、总结为主线进行研究性学习。在研修期间，要将教育教学实践和理论结合起来，及时记录身边的教育事件、教育故事和自己的思索感悟，经常反思自己的教学行为，不断地总结经验，写好教学反思和案例，并及时撰写成教研、教改总结或专题论文。在研修期间至少完成6篇教学反思，每学期至少撰写一篇教学论文。

（3）外出交流实训。希望在研修期间多走进各地优秀教师的课堂，积极与优秀教师交流学习，甚至跟岗实训，在实践中提高自己的教学能力。

（4）网上学习。充分利用网络资源优势，在网上查找学习资料，利用QQ群、博客等进行学习资源的共享和学习心得、反思的交流。

（5）结对共进。继续真诚地帮带青年教师，从备课、听课、授课、评课等环节给予指导，开展互动活动，学习青年教师的长处，帮助青年教师专业成长，促进自身专业的提高和发展。

三、预期成果

（1）完成一项省级课题的立项、研究和结题工作。

（2）每学年上一节高质量的研讨课。

（3）将研修期间的听课随感、读书心得、教学反思、教学案例整理好，从中挑选优秀的作品发表。

（4）将研修过程中学到的知识、经验传授给帮带的青年教师，帮助他们在教学技能、论文写作等方面有所提高。

"学然后知不足"——参加的活动越多，越觉得外面高手如林，更觉得自己所知甚少；"行而后知路远"——前行的路程越远，越觉得教海茫茫，更觉得自己渺小卑微。我将带着规划满怀激情地投身于工作与学习中，在实践中不断学习，积累经验，不断总结和提炼自己在语文教学方面的不足与经验，在此次研训中不断成长与超越。

"凡事预则立，不预则废。"读完了程振响的《教师职业生涯规划与发展设计》一书，我也希望在自己精心规划的职业生涯中，能继续品味教师的幸福人生。

（2013 年 6 月）

精心规划职业生涯，品味教师幸福人生（二）
——读《教师职业生涯规划与发展设计》有感

再读程振响的《教师职业生涯规划与发展设计》，感觉又有收获。尤其是对照自己的规划，觉得尚有许多不够完善的地方。

一、我应该坚持做研究型的教师

随着时代的变迁，社会的发展，中小学教师的角色也由传统单一的"知识传授"型向多元化转变，当代的中小学教师必须成为学生学习资源的组织者、监控者，学生情感的疏导者，心理健康的维护者等。要将这些角色融于一体，就需要我们中小学教师向"专家型、科研型"转变和定位。

对于一名优秀的教师而言，进行教育科研可以增强自身的责任感，有利于自身素质的提升和教学质量的提高。可以说，教育科研就像为优秀教师的专业化成长增添了有力的双翼，给优秀教师带来自信和勇气，力量和智慧，使其在科研过程中得到自我完善。

2003年，适逢课改初期，课程改革不仅带给课堂教学很大的冲击，也给教师带来了很大的冲击。就在此时，我新接手一个班级，并且是一直与他们相处到小学毕业。这六年间，课改的思潮影响着我的课堂，影响着我和学生的关系，引发了我对语文教学生活化的思考。这六年间，我注意收集我与学生的点点滴滴，在他们毕业以后，我将这点点滴滴进行整理，形成了一个课题研究成果。回想这个过程，自己并没有受别人的影响，也没有刻意地去准备和运作，只是在日常的教学中不断实践，在实践时候又进行深刻的思考，并加以提炼，形成一个可以推广的成果。这是第一个属于我自己的课题，也是第一个让我觉得研究很有意思的课题。之后，我又陆续申请了几个感兴趣的课题进行研究，感觉都还不错。直到最近一年参加了省"百千万"的学习，在听了多场讲座以后，骤然觉得课题研究并不像我想象的那么好操作。教授和专家讲到的课题研究方法与我们的教学实际相差太远，我的理论水平又不高，怎样才能完成一项有水准的课题研究项目呢？这个问题一直困扰着我，以至于我的开题报告一推再推，我的论文也一推再推。很多时候，并不是我不想做，只是觉得自己的能力还不够。

再次捧起《教师职业生涯规划与发展设计》，看着作者对教师专业化的具体阐述，终究还是觉得自己应该坚持做研究型的教师。毕竟教师参加科研是提高自身综合素质的最佳途径。它有利于提高教师的思想境界、理论素养、价值意识和教育能力，使教师在科研中获取新知识，获取实践效果，获得对自己的重新认识。

尽管目前我在申报课题项目的过程中遇到了一些障碍，产生了一些困惑，但这些都不足以影响我。毕竟我希望自己能够更优秀一些。

二、我应该在教学评价中求得发展

何为教学评价？教学评价是根据教育目标的要求，按一定的规则对教学效果做出描述和确定，是教学各环节中必不可少的一环，它的目的是检查和促进教与学。我们可以具体理解为：教学评价是按照一定的规则（价值标准）对教学效果进行评定。例如，我们平常的观课、评课，就是一种教学评价。

观课中，我们往往会关注：教师把学生看成怎样的人，对学生采取怎样的态度？教师的教学设计中，为学生搭建了怎样的发展平台？如何遵循学生心理发展的规律？在教学过程中，教师应用怎样的教学策略？师生间进行怎样的互动？是否拥有了获取知识的快乐？观课者根据这些标准，对教学效果给予专项或综合的评价。

今年5月份的跟岗实践中，我与小组的张老师互评了对方的课，我主要抓住教者的三处设计亮点并结合教学实录进行了阐述：一是课文教学设计独具匠心，条理很清晰。二是结合具体的语言环境理解词语，巧妙到位。三是赏读课文，培育个性。最后给教者提出了一点建议：好好把握文本中的词句训练点，加以落实，将"课文无非是个例子，最终是培养学生运用语言的能力"的教学理念落实到实处。

张老师则采用了分散到集中的方法进行评价，她先在听课中揣摩教者每个环节的设计意图，比如在生字教学环节，张老师评价："生字的教学从具体的语言环境中入手，再抽出来解决音、形、义，同时引导学生积累ABAC结构的四字词语。这样的过程使得生字的识记不枯燥。写字教学则着重体现'观察发现——示范指导——练习书写'的过程。"又比如，在"聚焦问题，朗读感悟"环节，张老师评价："语文课要落实听、说、读、写的训练。这个故事浅显易懂，要引导学生品读词句的地方不多。但此处的这个创设情境、师生接龙，却独具匠心，既训练了学生想象和语言表达的能力，又让学生揣摩了人物的想法，间接理解了寓意。学生的说法虽不尽相同，但都不偏离课文的原意。"

对比两份教学评价，我更欣赏张老师的评价，我觉得她的点评更具体实在，体现了教学评价的真实性原则、发展性原则、主题性原则、艺术性原则、过程性原则、多元性原则。

教学评价对教师具有导向作用、诊断作用和激励作用。在教师的专业成长过程中，我们应该坚持自我评价，可以通过反思提高教学评价能力。例如，我曾经写过的一份教学反思《立足学生，以学定教》。

（一）

这篇教学设计是准备参加2008年5月举办的肇庆市第七届青年教师阅读教学大赛的。挑选这篇课文是因为课文新，之前用它上公开课的比较少，可参照对比的对象较少。此教案是最初的设计，由于事前没有跟学生接触，所以备课是直接从文本出发，抓住课文体现中心的句子"人人为我，我为人人"，指导学生通过对文中两处与课题有关的语段进行朗读、感悟、想象练说，试图让学生在这个过程中去体会和领悟"人人为我，我为人人"的精神境界。在教学设计中，我力图体现以下几个特色：

（1）让课堂充满语文味：说说积累的好词，在想象练说和写话的过程中运用上这些积累。

（2）培养学生概括课文主要内容的能力。

（3）在教学中体现从部分回归整体的过程。

单从教学设计本身来看，以上三个特点都得以充分地体现，我也觉得按照这份教案上课应该比较成熟、有语文味。殊不知在真正试教的时候，却发现有些环节过于理想化，学生接收不佳，比如"浏览课文，完成填空"的环节，由于第一课时并非由自己亲自教，所以学生对课文的熟悉程度在这个环节起了关键作用。课堂上，由于大部分学生对课文不够熟悉，所以将近 $\frac{2}{3}$ 的学生不能在规定的时间内完成练习，已经完成的学生，全对的也很少。看着学生坐在那里抓耳挠腮，我不禁问自己：这个环节对学生合适吗？又如，学生在想象练说的过程中，对花的品种、颜色、香味等进行了叙说，但我总觉得学生说的内容好像与"人人为我，我为人人"扯不上关系，课堂效果与预期效果相差甚远。再如，课前谈话的环节，原本是用它来活跃气氛，但实际上效果也不明显。

通过这次试教，我和备课小组的教师都觉得这节课上得不怎么样，关键是教学未能从学生的角度出发。考虑到比赛地点设在怀集，上课学生来自县区，学生对文本的理解、对学习方法的运用等都与城区学生有所差异，所以，我们决定修改教案，于是便有了第二份教学设计。

（二）

我在2008年5月8日参加肇庆市小语会在怀集举办的肇庆市第七届青年教师阅读教学大赛时使用了该教学设计。考虑到上课学生来自县区，所以在课前谈话环节模仿了特级教师孙剑峰老师用过的方式：你认识老师提到的人吗？我先在黑板上写下自己的姓名，意图拉进与学生的距离；接着说出该校校长的名字，意图告诉学生老师的问题不难，留心生活就有答案；最后说出的是台湾人气偶像周杰伦的名字，意图激发学生的兴趣，活跃气氛。这一环节经修改后，比较适合学生，能较好地帮助学生在课前进入状态。

与教学设计一不同的处理还有在板书课题后，删减了概括文章主要内容的环节，改为指导学生读好课题，我是希望在一上课就传达给学生这样一个信息：教师喜欢听学生有节奏、有感情地朗读，哪怕是课题。同时还抓住了课文中的重点句"多么奇丽的景色！多么奇特的民族！"引出下文。

教学设计的第三处修改在于品读第三自然段的教学中。在这份设计中，为了让学生学得轻松、有效，特别在课件中引入了两幅色彩艳丽的图画，引导学生通过结合具体的景色理解重点词"花团锦簇、姹紫嫣红"，并告诉学生词语还可以通过绘声绘色的朗读来加深理解。这样的修改，在课堂上得到了较好的效果。

教学设计的第四处修改在于引导学生在角色互换中体会"人人为我，我为人人"的精神境界。这个环节在上课中效果并不理想，学生好像并不理解教师的做法，所以气氛比较沉闷，显得拖沓。

第五处修改在于引导学生从德国人的精神境界中走进本文的作者，一方面让学生认识这样一个作者；另一方面又拓展了教学内容，加大了课堂教学容量。

最后一处修改在于结束时让学生三读课题，这是我比较满意和得意的设计，这一环节成功地将课堂教学气氛推向了高潮，让人意犹未尽。

纵观整节课，由于教学环节的细部处理更贴近学生的知识水平，所以，学生在课堂上表现得比较自然，教学效果比较理想，而我也因这节课的教学获得了本次比赛的第一名，获得了代表肇庆市参加广东省第七届青年教师阅读教学大赛的资格。但这节课的设计还存在不足，过分强调了人文性，而忽略了语文味；课堂教学的亮点不够明显，高潮不突出。为了在全省比赛中获得好成绩，我们决定继续修改设计，从广州市的学生实际出发，设计出更贴近学生的教案，于是便有了教学设计三。

（三）

我在2008年6月18日参加省小语会在广州市举行的广东省第七届青年教师阅读教学大赛时使用本设计。经过前两次的试教、比赛、教后反思，我对课堂上要教会学生什么已经非常清楚。在市赛之后，我又重新梳理了一次教案设计，发现在第二份教案中，虽然已经注意到了那个贯穿全文的句子"多么奇丽的景色！多么奇特的民族！"但并没能很好地运用它。于是，在这次的设计中，我将这句话写进了板书中，并在处理完每一部分的教学时，都与学生一起回顾这句话，通过反复地回顾、重复，让学生明白"奇丽与奇特"之间的必然关系。这样处理在教学上取得了较好的效果。

由于上课班级是四年级的学生，他们的生活阅历比县区的五年级学生广，他们在语言文字的理解方面也会比县区的学生稍高一点。考虑到这一点，我取消了原先设置的借助图片理解词语的环节，改为由学生为这两个词找近义词，一方面可以在课堂上检查学生的积累；另一方面又为接下来的换词朗读、积累背诵做准备。这个环节在课堂上取得了较好的效果，充分体现了语文的"读味"，而学生也一次比一次读得更好，这让课堂教学达到了一个小高潮。前一份教学设计中的"角色互换"环节，由于效果不理想，所以被修改为创意对读"每一家都是这样，坐在屋子里的时候……走在街上的时候……"这样做既依托了文本，又让学生在对读中逐渐读懂了"人人为我，我为人人"的内涵，还为接下来的联系生活拓展谈话做了铺垫，学生在这个过程中也表现得轻松、自在。

课堂教学的末尾，我将原本的三读课题缩减为两读课题，一是节省了时间；二是提高了朗读的质量，使课堂教学在这个高潮中戛然而止。

对比前两次，我觉得这一次的课要比之前上得更流畅，师生的互动、生生的互动显得更自然，这节课最终获得了省一等奖。但其中也有需要反思的地方，比如老师在课堂上讲的东西还是偏多；又如虽然备课的宗旨是立足学生，以学定教，但在课堂教学中，教师对学生课堂生成的资源未能很好地利用。

参加比赛是辛苦的，但在这个过程中，我对语文教学该如何立足学生、以学定教，以及语文课堂教学该如何凸显"语文味"而不失"人文性"有了新的认识，这对我今后的教学工作有很大帮助。

这份教学反思分为三部分，分别就三次的上课效果进行反思。之所以能在最后的赛课中取得好成绩，是得益于每节课后的反思。

三、我应该关注教师的可持续发展

中小学教师的可持续发展是指既能胜任其当前从教任务，又有利于胜任其今后从教任务的教师身心各方面协调、持久而强劲的发展。

我已踏入不惑之年，按照当前的退休年龄算，我还可以再执教15年。那么这

15年我该怎么教？一成不变吗？不可能！学生会变，教材会变，家长的认可度会变，社会的要求也会变，甚至我的心态、身体状况都会发生变化。面对变化，我又该如何适应和应对呢？这就涉及教师自身的可持续发展问题。

我想，要想让自己保持良好的状态，第一个就是要坚持终身学习。苏联教育家马卡连柯说："学生能原谅教师的严厉、刻板甚至吹毛求疵，但不能原谅教师的不学无术。教师要给学生一杯水，自己就要成为一条常流常新的小溪。"终身学习是每一个个体的成长支柱，也是一种使命，更是职业幸福的源泉。"终身学习"这一概念是由欧洲终身学习促进会于1994年11月提出的。我国历届国家领导人也十分关注教师的发展，多次强调教育的关键在于教师。如今，终身学习已成了时代对教师的要求，成了学生对教师提出的要求，是教师这一职业本身的要求。换句话说，"终身学习"是教师安身立足之本！

教师的学习有很多种形式：自我研修、学历提升、校本研训、合作学习等，接下来的15年，我将会坚持在实践中学习，在阅读中学习。

第二个就是阅读。我们在"百千万"培训的多场讲座中都听导师提及"阅读"的重要性。教师要教好书，必须一生离不开书。不仅因为"师未必贤于弟子，弟子未必不如师"，更重要的是为人之师，要有深厚的文化底蕴、专业化的理论修养、宽厚仁爱的人文精神、独具魅力的人格品质。

第三个是善于向周围人学习。"三人行，必有我师"。囿于自己的所学，教师所知永远是沧海一粟。因此，教师要时时刻刻向周围的人学习。我可以向"百千万"的导师、同行学习，我可以向师徒结对的师徒学习，我可以向身边的同事学习，我可以向我的学生和家长学习……想想，值得我学习的人还真不少！

第四个是在实践中学习。在我的实践中，最重要的就是分享与交流。与同伴分享教学资源，教学经验；交流教育教学心得，读书体会，同样也能促进自我成长。

未来的15年，我将精心规划职业生涯，坚持学习、坚持实践，用经历品味教师的幸福人生。

（2013年9月）

教育智慧源自实践

——读《罗恩老师的奇迹教育》有感

有这样一位普通的教师，三次受到克林顿之邀做客白宫，他的故事被好莱坞搬上荧屏，感动千万父母教师。他推倒了东西方教育之间一堵无形的墙，建立了一种全新的、世界性的教育理念。他的学校是全世界孩子和家长梦寐以求的学习圣地，每年有数以万计的教师专程去学习罗恩式教育法，他的学生遍布世界名校，精英辈出。他是谁？他就是美国的罗恩·克拉克老师。这一年，我反复阅读了罗恩老师所著的《罗恩老师的奇迹教育——点燃孩子的学习激情》一书，全书共分四部分，分别是"不一样的克拉克学校""父母是孩子成长中举足轻重的力量""营造让孩子爱上学习的氛围""课堂之外"。读完之后让我感触最深的就是教育需要智慧，智慧不等同于机智，教育智慧的迸发源自长时间的教育实践。

收获一：教育智慧来自于激情

这本书的封面下方有这样一句话："我们无力改变教育体制，却能与孩子一起创造奇迹。"我们一直很崇拜国外的教育，尤其是美国、英国，不仅仅是因为国外有许多知名学府，还有一个原因就是我们通过一些书籍，像《哈弗女孩刘亦婷》《素质教育在美国》等，透过这些家长的笔触，我们或多或少对国外的教育有了一些了解。再与我们的教育体制相比较，我们就会不由自主地向往国外的教育，向往他们的开放、自由、民主。然而在读到罗恩老师的这本书时，我们发现，原来美国的教育体制同样存在着"校长的业绩和学校的排名都取决于学生的考试分数。有的教师绝望地说，他们无法创造性地教学，引发学生的想象力，因为他们被迫'应试教育'（teaching the test）""美国49个州的教师们也为此筋疲力尽"。原来美国也有"应试教育"！

"应试教育"究竟存在怎样的弊端呢？有学者研究归纳如下：

（1）"应试教育"鼓励单一发展，严重违背全面发展的指导方针。在这种教育模式中，智育被当作学校教育的唯一目标，德育、体育被置于从属地位。

（2）"应试教育"导致智育目标狭隘化。应试教育从应试这一角度出发，过分强调传授知识和技能，强调知识的熟练程度，采取过度学习，强化训练的手段，把学习局限在课本范围内，致使学生无暇参与课堂以外的各种对发展智力十分有益的活动，导致学生的知识面狭窄，高分低能。

（3）"应试教育"造成学生负担过重，严重影响青少年身心发展。目前，由于升学率、平均分两根指挥棒自上而下被层层强化，教学中广泛采用过度学习，强化训练的做法，造成学生许多心理疾病。

（4）"应试教育"导致学生的严重分化，厌学和差生流失，人为地制造了教育的不平等。在应试模式中，教育竞争被激发到不恰当的程度，竞争中的失败者往往得不到应有的帮助，造成学生学习水平的分化和差生面扩大。许多差生迫于竞争压力中途辍学，造成人为的教育不平等。

（5）"应试教育"阻碍学生个性发展，扼杀人的创造力。在应试教育中，教育手段单一，学校成为按一个模子改造人的"教育机器"。人的个性发展未能受到应有的重视，它为学生提供的是一个封闭的、禁锢的、狭窄的、高压的学校"牢笼"，这样培养出来的学生充其量只能是一些操作型人才，而不是创造型人才。

（6）"应试教育"阻碍教学方法的改革，影响教师素质的提高。在传统的应试教育模式中，学校整个工作围绕着高考和各级统考、会考转，有价值的教育研究和探索缺乏动力，严重局限着教师知识结构扩展和各种素质的提高。

（7）"应试教育"加重教师负担，加剧教师队伍的不合理竞争，影响教师队伍的稳定。传统的应试教育偏重于强化训练，题海战术，这必然加大教师的工作负担，加之学校管理中急功近利的倾向，致使教师队伍中竞争加剧，加重教师的心理压力。

（8）"应试教育"造成师生关系紧张。在应试教育模式中，教育出现功利主义倾向，学生成了教师挣分数工具，师生间亲情被淡化。

（9）"应试教育"造成教育投资浪费。为了应付升学率，许多学校加大留级率，造成不必要的重复教育，浪费教育投资。

（10）"应试教育"酿成严重的考试弊端。唯考试、唯分数的应试教育模式扭曲了考试的功能，促使作弊风泛滥。

（以上内容摘自新浪博客 http：//blog.sina.com.cn/s/blog_4a75dbbe010005kp.htm。）

我个人就非常讨厌"应试教育"。我总觉得"应试教育"束缚了教师的教学行为，束缚了学生的智力发展，导致学生出现厌学情绪，导致教师在课堂教学中难以体验到成功与快乐。我曾去听一位充满抱负的青年教师的课，她上的是一年级的拼音《jqx》，教师事前做了精心的备课准备，无论是教学环节还是教学课件，都可以看出她很用心。但听课中我们却发现教学效果不尽人意，最关键的一点就是她的眼睛里没有学生，教师只顾着完成自己的教学计划，根本不理会学生会不会，懂不懂。

事后问这位教师为什么，她的回答是其他班早就完成了这节课的教学，马上要测验，她只能赶着完成。因为赶教学进度，教师忽略了对学情的分析，因而出现学生课堂闹哄哄，教师忙着管纪律。辛辛苦苦准备了一节课，却收不到预期的效果，教师的沮丧、失落可想而知。又如，我听过的六年级数学课，教师在讲台上讲得无精打采，学生在讲台下昏昏欲睡，听完课，自己的心里也觉得十分难受。究竟是为什么？我在书中找到了答案："孩子们来学校只学会了如何考试。他们不再为学习的热情所激励，他们无法成为终身学习者。"

对于这种普遍存在的现象，罗恩老师的看法是："我认同教师要为学生的成绩负责，但我同时鼓励老师们寻找创造性的方法激发学生学习。提高成绩不必'应试而教'，有很多办法可以让学习变得有趣，同时实现教学的最高水准，并提高考试分数。我没有教孩子们应试，我交给孩子们内容，尽我所能把教学变得有趣和吸引人。每一年他们的考试成绩都名列前茅，这是因为他们有对知识的渴望，他们自己想学习，那么进步就更快。"罗恩老师的这番话同时也解释了学习的内因与外因的作用。在罗恩老师的学校里，教师会想方设法营造让学生爱上学习的氛围。比如，罗恩老师会要求他的教师每天穿正装回校，建议教师在课堂上不要坐下来，别用手机和电脑，别把珍贵的课堂时间用在做家庭作业上等。

写到这里，我想谈谈我喜欢的两位教师。一位是广州市的罗夕花老师，她做的整组单元阅读指导很值得我们借鉴。我阅读了她的书《语文课上，读占鳌头》，里面记录了她近几年的实践。罗老师每天带着孩子们读经典，画词语，学朗读，明道理，她用与别人相同的教学时长，完成了比别人多一倍甚至两倍的教学任务。不难想象她的学生是何其喜欢她的。这样的"教"，学生不仅能轻松应试，还能长久地保持对语文的学习兴趣。

另一位是江苏的周益民老师。暑假里借阅了他写的一本书《回到话语之乡——周益民的"另类课堂"》。书中收录了周益民老师的9个课例，分别是《想念那话语之乡——〈童年的月亮爬上来〉教学实录》《语言的狂欢与精神的自由——〈这里有个颠倒的世界〉教学实录》《趣味横生的口腔操——〈绕绕复绕绕〉教学实录》《回望生命开始的地方——〈摇啊摇〉教学实录》《辞旧迎新诗中诗——〈春联〉教学实录》《回互其词的智慧——〈谜之谜〉教学实录》《唇齿间的智慧花朵——〈巧女故事〉教学实录》《荒诞浪漫的永恒神圣——〈人类从哪里来〉教学实录》《千里明月寄相思——〈嫦娥奔月〉教学实录》。仔细品味这9个课例，认真揣摩周益民老师的设计意图，身临其境地体会学生的高兴、兴奋与愉悦，内心涌动的是对周益民老师的敬佩。用成尚荣老师的话来说："周益民把童谣、颠倒歌、对联、神话、猜谜语、巧女故事作为教学活动，作为语文教学的一场'语言游戏'，让它们在教学活动中复活，彰显意义。值得注意的是，周益民老师在教学中细心地引导学生领悟其中的道德意义、真理的力量和审美的意蕴，把人性之美、智慧之美、崇高之美悄悄地阐发得如此细致、准确、到位……"

对比三位教师罗恩·克拉克、罗夕花、周益民，不难发现，他们的成功，他们的教育智慧都是来自于他们激情。"激情"是一个心理学名词，指的是一种强烈的情感表现形式，往往发生在强烈刺激或突如其来的变化之后，具有迅猛、激烈、难以抑制等特点。人在激情的支配下，常能调动身心的巨大潜力。要想让教育发生奇迹，就必须要有过人的智慧，这份智慧来自于你对教育保持激情，而且是长时间的保持激情。

让我们来看看罗恩老师的激情：

原本想去旅游，却因为一个代课的机会，在北卡罗来纳州执教了五年，之后在新想法的驱使下，来到了东哈莱姆区任教，取得巨大的成功，其事迹被拍成电影《罗恩·克拉克的故事》，并荣幸地上了《奥普拉脱口秀》。在主持人的建议下，罗恩老师着手写了《55条班规》。他用获得的稿酬实现了他心怀多年的一个梦想：建一所不同寻常的学校。于是，他把学校建在了哈莱姆区，并使它成为全美国最出色的一所学校：克拉克学校与众不同的便是它风格各异的活动。克拉克学校利用各种机会组织学生参加许多有趣的实践活动，比如帮助困难的家庭布置一个新家；由航空公司赞助孩子们出游；在学校里设置一堵回忆墙，留下学生的精彩瞬间；别出心裁的分院开学典礼；为了迎合学生的爱好而在卫生间里贴满明星海报，以及为了给学生留下珍贵的回忆而定期设置的既疯狂又奇妙的各类穿越时空主题活动等，所有这些活动，学校都会尽可能地利用自己的热情和诚意争取赞助，不需要花费学生任何费用。学生既能在这类活动中得到不少的快乐，又能学习到许多有益的技能及解决问题的方法。

罗恩老师传递给我们教育界同行的一个理念就是激情——"当和孩子们在一起时，特别是和那些把你逼得发疯的孩子们在一起时，一定要看到这些孩子的潜能。想办法让班上的每一个孩子都有远大的梦想，无论条件有多么艰苦，挑战有多大。必须关照每一个孩子，并看到他们的潜能"。

收获二：教育智慧来自于学习

教育工作中总会出现这样或那样的情况，在这些情况面前，教师就应该不断学习，不断适应新的情况。毛泽东《在中国共产党全国宣传工作会议上的讲话》中这样说："情况是在不断地变化，要使自己的思想适应新的情况，就得学习。"

在《罗恩老师的奇迹教育——点燃孩子的学习激情》一书中，有这样一个章节《孩子能在你身上看到学习的热情吗？》。在这个章节中，罗恩老师的观点是"成人应该让孩子们看到你是一个终身学习者，而且你仍然对知识有着无限的渴求"。对此，我也十分认同。

我的一位同事年近六十，明年就要退休了。为了照顾他，今年没有给他编排数学课，而是安排他上科学课。就是这样一位老师，耳朵有点儿聋，眼睛也老花得厉害，仍坚持学习，他学习电脑画图技术，把教学课件做得更有动感；他学习科学课程标准，整天捣鼓着小实验和标本。坐在这位教师旁边，我们常常被感动：面对一个如此好学的老人家，我们有什么理由拒绝学习！

1. 不断学习，可以提高教师的自身素质

"严谨笃学，与时俱进，活到老，学到老"是新世纪教师应有的终身学习观。国际21世纪教育委员会在向联合国教科文组织提交的报告中指出："终身学习是21世纪人的通行证。"因此，在终身学习的背景下，教师的角色如何定位，是21世纪学校教育面临的突出问题。

终身学习的教师所面临的挑战，具有高度的不可预测性与复杂性，他们只能针对自己所处的情境以及个人专业能力的发展状况，适时地修正个人未来的发展方向，才能有效地促成教师专业潜能最大限度地发挥。为此，教师必须牢牢树立"终身学习"的理念，保持开放的心态，将学校和社会视为学习的场所，通过工作与学习的结合，不断地对自身的教育教学进行研究，对知识与经验进行重组，拓展自我的效能，不断提高教育教学质量，成为适应时代发展要求的合格教师。就像罗恩老师在书中说的："我们必须以强烈的求知欲不断地探索人生，以身作则地让孩子们明白终身学习意味着什么。如果他们在小的时候就能学习到这种精神，那么这种精神将会伴随他们一生。"

2. 终身学习能扩展知识，提高教学水平

一旦停止了学习，教师的工作便如同机械的运作，在机械枯燥的活动中。教师会丧失人的本质，会觉得生活毫无意义，会沮丧而没有活力。这一切都将使教师工作令人厌恶。因此，学习本身还在拯救教师自己。学习可能就是这样，她使学生亲近你，使教师永葆活力，更有魅力。因此教师不再是一次性的学习，而是以持续的学习来扩展知识领域，从而提高教学水平。

3. 教师的学习可以带动学生树立"终身学习"的观念

在这个"计划赶不上变化"的时代，教师不仅要转变传统的知识传授者的角色观念，成为学生学习的促进者和协助者，而且其自身的学习不应该是一次性的学习，而是持续的学习来提高知识领域，学习要贯穿于教师的整个教学生涯。因为作为教师，仅靠最初的专业知识无论如何都是不够的。教师务必与知识和教学法的提高保持同步。

回想我工作以来参加过的培训，数不胜数。每一次接到培训任务，我都十分期待；每一次听培训课，我都十分用心；每一次听完课后，我都会在教学中实践，这是我的学习过程，而在这个学习的过程中，我的经验得以不断累积。比如，去年的台湾考察中，感受最深的是台湾的优质教育。总体来讲，我觉得台湾的优质教育主要体现在以下几方面：一位专职敬业的优秀校长，一支专业、敬业、优秀的教师团队，一支尽心尽力的、优秀的家长志工团，开放的课程以及快乐成长的学生。

2012年12月在苏州的考察，我在日志中曾记下这样一个片段：在与长江路语文科组的教学研讨中，让我不断反思自己对青年教师的指导是否到位，能否做得更加细致入微。回来后，我把这些经验和收获告诉我指导的青年教师们，还很认真地告知他们，教育的经验靠不断地累积，教育的智慧来自于学习。

于是，很快就有一位年轻老师吐露心声：

数数日子，参加工作快有两年了，严格地说，我在教学中不算新人了，但我还是觉得自己在学校里很"新"，这种"新"体现在自己的教学上：如何上好一堂课，做到张弛有度？如何驾驭课堂节奏，做到游刃有余？如何落实好课本的重难点，做到学生爱听爱说、爱写、爱读等，诸如这些问题，一直都是我想在实际教学中能够达到的目标。有时一节课下来，总觉得在某些方面做得不足，或者觉得课虽然讲完了，但总觉得遗漏了什么似的，却又说不出来。望着身边忙碌的同事们，也不好意思多次去打扰，于是只得依靠自己的摸索来慢慢接近心中的目标，但单凭自己的摸索，收效甚微。每当这个时候，我心想，要是有一位能指导自己的名师就好了，我就能把在教学上的一些疑难之处向名师请教，同时请名师指出我的不足，让我能在教学方面对症下药，并且请名师指导我一些教学的技巧与教学教育的经验，让我在实际教学中能学以致用，那该多好啊！

这位青年教师急切地表达了学习的愿望。在接下来的两年时间里，这位青年教师跟随我认真地学习备课、评课技巧，很快成长为区里的教坛新秀，受到学生与家长的认可。

在罗恩·克拉克的学校里，教师之间有许多交流学习的机会。这些机会促成了教育思想的碰撞，这些机会促成了教育智慧的积淀。

在我们的教育工作中，教师之间也有很多类似的交流学习的机会。对待这些机会有三种态度：第一种是无所谓，认为没有多少帮助，参与性不强；第二种是积极参与，很想从中学到些什么；第三种是抵触，觉得类似的活动占用了个人的时间，十分不喜欢。持第一种态度的教师充其量是个教书匠，忽视了自身的发展，不求在教育岗位上有所创新和突破；持第二种态度的教师，最有希望成为教育界的佼佼者，因为他时刻保持着旺盛的求知欲和学习劲头；持第三种态度的教师最有可能成为庸师，得过且过，累人子弟。面对新的社会形势和新的时代特色，我们所从事的教育工作不再是一成不变的了。要想求变，就必须具有丰富的经验和理论知识，而保持旺盛的求知欲，不断学习是教师教育智慧产生的动力之一。学习的方式除了前面谈到的交流、互动、培训，还应该包含个人的阅读。

教育家苏霍姆林斯基说过："教师进行劳动和创造的时间好比一条大河，

要靠许多小的溪流来滋养它。教师时常要读书，平时积累的知识越多，上课就越轻松。"

下面是一位青年教师的读书笔记节选：

我在看《教育的理想与信念》这本书时，肖川的在教学随笔《琐事偶记》中的一段文字让我感触很深："我当时就在想：以后自己做了教师，绝不居高临下地教训学生，且不说自己能否比别人聪明，就单说那种冠冕堂皇的词句又有多少是出自真诚的呢？"

回想我的学生时代，何尝不是与肖川同样的想法？可当我走上讲台时，我对学生的教训俨然是居高临下。当我一口气把肖川的《教育的理想与信念》看完时，我不禁倒吸了一口冷气。如果我能早一点儿看到这本书，我相信自己在教育学生思想工作方面、在处理教学技巧方面会比现在做得更好。肖川在《咀嚼概念与命题》中说："教师不是道德的传声筒和会说话的教科书，教师应成为鲜活的、人格丰满的生活者。"回想刚踏上教学舞台时，我何尝不是道德的传声筒和会说话的教科书？肖川在《学习方式就是人的存在方式》中提出："事实证明，要提高一个孩子的学习成绩，更有效的办法是促进他的情感和社会意识方面的发育，而不是单纯集中力量猛抓他的学习（根据美国学习者古奇和普林格尔1996年的研究）。"可我辅导班上后进生学习时，没有针对后进生缺失的情感和社会意识对症下药，我越是集中力量抓后进生的学习，就越是引起学生的逆反心理，根本没有办法提起他们学习的兴趣。

作为一名新教师，我觉得肖川的《教育的理想与信念》非常值得一读，它不但让你对教育的理想与信念有一个总体的把握，而且会让你从日常烦琐的教学工作中跳出来，避免走进许多平常教学工作中的误区。

青年教师正是在不断地阅读中丰富自己的知识，积累经验，形成教育的智慧。

收获三：教育智慧来自于创新

每个人都有这样的体会，重复地做着类似的事情，时间一长就会感到厌倦和疲惫，需要给工作和生活增添一些变化的元素，给自己带来不同寻常的感受。学生何尝不是如此呢？日复一日地坐在教室里学习，一节连着一节的课程、数量繁多的作业……很难让学生始终保持昂扬的精神状态，这就需要学校和教师不断创新教育教学的方式方法，努力让学生感到学校的与众不同，对每天的校园生活都充满期待。

克拉克学校从新生的"开学第一课"起，就着力给学生营造家的感觉，逐渐培养学生对学校的依恋。每一次的新生报到前，教师都要去拜访学生和家长，并记住所有新生的名字，以便学生前来报到时能够立刻叫出他们的名字，让学生感受到一份温馨，获得一种安全感。"开学第一课"是由系列活动组成的，包括一张闪亮的金色门票——入学通知书、新生走红地毯的活动、全体师生的夹道欢迎、精心准备的演出、新生的联欢活动等。师生们努力让新入学的学生以及家长们体悟到，学生在这所学校会受到关爱和接受，这是一个将会发生奇迹的地方。学校的教师分别以梦想、给予、友谊、勇气为主题，创办了蓝色、黑色、红色和绿色的学院，建设着自己的精神家园。在开学的日子里，这些学院的成员们也会主动向新生推介自己的学院，让新生感受集体的温暖。

对于克拉克学校的学生来说，"开学第一课"仅仅是学年系列活动的序曲。在整个学年中，学校会利用各种机会创设富有情趣的实践活动，让学生感悟到除了学科知识的学习之外，生活中还有很多有趣的、很重要的事情。学校非常注重环境的建设和营造，在家访中发现那些家庭困难的学生，连一个像样的卧室都没有，于是学校就寻找赞助商，请学生家长以及学生做义工，为困难的家庭布置一个新家，或一间适合学生学习的卧室；克拉克学校的学生在校期间都要走遍世界各地以及美国各地，学校和航空公司进行沟通，请他们赞助学生出行的机票，而让学生通过劳动，挣得外出所需的生活费用；在学校里设置一堵回忆墙，留下学生的精彩瞬间；别出心裁的分院开学典礼；为了迎合年轻学生的爱好而在卫生间里贴满明星海报，以及为了给学生留下珍贵的回忆而定期设置的既疯狂又奇妙的各类穿越时空的主题活动……学生既能在这些活动中得到不少的快乐，又能学习到许多有益的技能及解决问题的方法。

很多意想不到的事情都会在克拉克学校里出现。比如说从二楼到一楼的管道滑行、教师站在学生课桌上讲课、师生小范围的聚餐活动、让低年级的学生学习高年级的知识，等等。每一件事看上去都很疯狂，但实施下去之后所产生的效果都出奇的好。这是罗恩老师以及他的同事们为了吸引学生，为了激发学生热爱这所学校，热爱在这所学校的学习而绞尽脑汁想出来的。新时期的教育，面临更加复杂多元的形势，要让学生热爱学校、热爱学习，需要教师有更加富有创新性的行动。教育的每一次创新，改变的不仅仅是学生，也包括家长、教师等与教育相关的群体。

罗恩老师的创新之举，还体现在家长参与形成的教育合力。

父母是孩子成长至关重要的力量。罗恩老师告诫家长别做直升机家长，因为我们不能保护孩子一辈子。对学生的一些问题需要家长有更多的耐心。很多家长把孩子的教育统统交给教师，总以为把孩子送去辅导，找个家教就OK了。殊不知，教育孩子，辅导孩子，家长也有一份责任。家长也要学习，学习与孩子相处之道，学习与老师沟通，与学校保持联系。家长在家也应该营造让孩子爱上学习的氛围。很多家长闲暇时宁愿去打麻将、聊天，也不会坐下来与孩子一起看看书，为孩子读读故事，更别说带孩子去书店看书了。孩子之所以形成各种不良的习惯，与家长的不当教育是有直接关系的。

如何让家长积极参与到学校的教育中来，形成共同推进学校质量提升的合力呢？克拉克学校的教师们做了很多的工作。比如，帮助困难家庭改造居住的环境，让家长们意识到孩子的学习和生活环境对其成长的巨大作用；将学校对学生的要求非常仔细地告知家长，让他们理解学校，并支持学校所做出的各项决策；将家庭作业的答案以及详细的解答过程告诉家长，让家长在检查学生作业的时候可以表现得像一个教师那样；要求家长每学期完成一定时间的义工任务，通过深入学校生活，理解学校工作的价值和意义……

在鼓励家长参与到孩子教育方面，克拉克学校做出了很多值得我们借鉴的探索。近两年，很多地方的学校也在组建家长义工队，这是很有必要的！因为教育不仅仅是学校的事，真正的教育应该是学校、家庭、社会三方面在方向上统一要求，在时空上密切衔接，在作用上形成互补，协调一致，形成合力，发挥的整体效应。

这让我想起了台湾国语实验小学的家长义工队，也想到了广州市的罗夕花老师，在她的著作中，收录了很多篇写给家长的信，这些信件，有的是引导新生家长如何帮助孩子进入学生角色，有的是给家长的一些建议，比如阅读指导的建议、家庭教育的建议等，有的是向家长汇报班级情况……作为教师，我深知工作之余，教师最需要的就是休息，而罗夕花老师牺牲了多少休息时间去撰写这些信件，我们无从知道，但每封信件里流淌的教育真情却是每一位读者都能体会到的。通过信件的往来，加强家校的联系，这不也是一种创新吗？

6月份听了陈琴老师的一堂讲座，她用素读、吟诵的办法，讲将传统文化和经典传授给学生。班级里有个学生好胜、好斗，下课总爱打架，陈琴老师进了教室，也不责怪，只是带着学生吟唱经典，唱着唱着，打架的学生不自觉得红了脸，低了头。这不也是一种教育艺术的创新吗？

教育是一门艺术，更是一门实践的艺术。大凡成功的教师，在读书学习的同时又很注重投身实践。教育是实践的，在实践中前进，在实践中发展，只有在教育实践中才能迸发出教育智慧的火花。如果离开了长期的实践探索，离开了对教育实践的研究，那么教育智慧也势必成为无源之水、无本之木。

罗恩老师撰写的这本书让我们清醒地认识到：好的教育其实没有国界。我们无力改变教育体制，但却能像罗恩老师那样走进孩子的生活，用心聆听孩子的心声，对他们充满期望，相信他们，营造有激情的课堂，和他们一起创造教育的奇迹。罗恩老师正是在不改变教育体制的前提下，创造了奇迹般的教育方式。

（2014 年 9 月）

培训感言

省百千万"名教师"培养对象第一阶段培训感言

2012年10月8日至14日期间，我参加了省百千万"名教师"培养对象第一阶段的培训，这次培训的内容非常丰富，包括聆听四个讲座、组建学习团队、与导师组见面、得到导师组的诊析、初步确定团队和个人的发展方向。对这次培训，我最深的体会是教师的成长离不开学习、思考。

子曰："学而不思则罔，思而不学则殆。"我们可以通过对知识的反思来把握规律，掌握精华，升华认识，把多个知识点融会贯通，洞察事物内在联系，形成自己独到的见解。因此，在教师专业发展道路上我们强调学思并举。思考是一种能力，能力养成的前提和基础是具备一定的知识积累。没有点滴的知识积累和丰富可靠知识背景，而一味地冥思、苦思，就是画饼充饥、望梅止渴，不会有任何收获。

知识的积累、丰富的知识背景从何来？除了通过自身的实践形成，更重要的途径来源于读书。曾教授讲读书，建议我们读整本的书、读精品书、读原著；刘良华教授讲读书，建议我们要把一本书反复读，要长时间关注一个问题；游彩云老师讲读书，建议我们把读书当作生活的一部分；闫德明教授讲读书，强调读书是最高级的精神美容，是最长远的备课，"名师"在于"明"而不在于"名"。说来惭愧，培训组列出来的书单，有98%我都没读过，在挑选精读书籍时，有点儿摸不着头脑。还好导师们给出了一个比较明确的方向：三年内读一本提升理论理念的专著，读一本教学改革与创新的专著，读一本关于教学研究能力的专著，读一本关于教学团队建设与推广的专著，再读一本关于学科特色的专著。有了这个方向，我会用心阅读、用心体会、用心思考、用心提炼。

认真回想几个讲座，发现这几个讲座的核心都离不开学习与思考。游彩云老师虽然一再强调是运气对她的眷顾，但从她的成长经历里不难看出学习与思考所起的作用：她若不愿意学习，她就不愿意钻研；她若不愿意思考，她就不会要求自己不断改变。用曾教授的话说，这是成为名教师要具备的基本素质：善于求变、能教会评、融研于教。对于我而言，每次在填报表格时，最头疼的是关于教学风格的准确表述。20多年的教学实践，基本形成了自己的特色，但却从来没想过提炼自己的风格。对照闫教授讲座中的具体事例，追求"人在课后"将成为我今后的目标。

培训学习虽然辛苦，但受益匪浅！

（2012 年 10 月 15 日）

责任与荣誉同在

——新一轮广东省中小学工作室主持人培训感言

很荣幸被遴选为新一轮（2015～2017年）广东省中小学教师工作室主持人，参加了省厅和华师大基础教育培训与研究院组织的为期10天的培训学习。4月6日，接过沉甸甸的牌子，我感受到了一股浓浓的、来自上级领导的期盼。这种期盼，使我感到肩上担子的重量，顿感名教师、特级教师荣誉的厚重，责任感、使命感在心中悠然倍增，更使我觉得应做一个有责任、有担当的人，不断完善自己，成为一个名副其实的学科领军人。接下来的培训时间不是很长，但印象很深，受益匪浅。

一、专题讲座内容实在，引发共鸣

教师的成长离不开自身的素养，人格的魅力，离不开广博的知识，离不开先进的现代教育教学理论和教育教学技术。通过学习，我的思想有了极大的转变，教育教学理论掌握的更为系统。此次专家的讲座可谓深刻独到，发人深省，作为教师，必须有渊博的学科知识，良好的思想品质，特别是骨干教师，更应掌握现代教育教学理论和教育教学技术。

张广君教授《教学中我们追求什么——生成论教学哲学的探索》的专题讲

座，从哲学的角度对我们的教学行为进行了一系列地剖析，使我们不得不反思在现行的教育体制下，我们的教学行为是否对学生的存在和发展有帮助。

韩裕娜博士、陈燕博士《从胜任到示范》的专题讲座，通过文件解读、案例分析、团队活动等方式，帮助我们回顾自己的成长历程，并认识到作为教师当下的责任和今后专业发展的方向。

刘学兰教授《教师的心理调适与压力管理》的专题讲座，让我心生感慨，受益匪浅，让我懂得从平常的工作中去体验幸福。每天从事的是紧张而冗杂的教育工作，背负的是无限沉重的责任，有时简直快喘不过气了。教育是激情与智慧并重的事业，我们要时刻永葆激情，每天以无比愉快的心情面对学生，咀嚼幸福，体会快乐。面对如此重大的压力，我们要先学会爱自己，要学会调节自己的心态。因为一个人的心理因素不仅影响人的健康和寿命，还关系人的成败。在反思的过程中，我为自己日后的工作做了一个简单的规划：第一，调整与他人（学生、家长、同事、家人）相处的方式，遇到问题，首先从他人的需要出发去考虑问题，而不是从自己的感情角度去求得心理平衡。第二，拥有积极良好的心态，宽容别人，善待自己，超脱自己，少与人斗气，从疲惫与劳累中把自己解放出来，做一名幸福的老师。

左璜博士《基于学生发展核心素养的学校课程创新》的专题讲座，通过课题研究结果的呈现，传递给我们两个信息：学校的课程创新要基于学生的核心素养发展；要使自己的研究成果真实可信，必须靠数据说话。

这几个专题讲座内容实在，从学术、理论的层面帮助我们更好地理解"工作室主持人"的角色定位，也让我们对自己今后的个人专业发展有了更加清晰的认识。

二、主题活动形式多样，值得借鉴

这次培训，我们每天到教室要做的第一件事就是找座位，有时是交叉分组，有时是学科分组，时而离讲台近，时而离讲台远。分组的不确定和座位的不确定给我们的培训增加了乐趣。项目组还安排了多次主题活动，班主任宋春燕博士的教师工作坊《广东省中小学教师工作制度、运行与管理解读》和体验教学《携手共进——学习共同体建设》以及"世界咖啡"《工作室建设与管理的问题解决》；黄牧航教授主持的教育论坛《如何提高工作室主持人的培训能力》以及郑海燕教授的对话交流《工作室主持人专业成果分享》等。这些主题活动形式多样，通过团队合作的方式集思广益，一方面让我们体会到系统>团队>个人，做工作室主持人单凭个人是不行的，一定要组建一个优秀的团队，群策群力，才能把工作室办好；另一方面是认清个人的优势和劣势，在工作中要扬长避短，凝聚个人智慧，成就大家的梦想。

三、参观交流点面结合，示范引领

工作室主持人究竟要干什么？要怎样干？工作中会出现哪些困扰？要怎样解决这些困扰？这些问题都是我们这批新主持人心里的疑惑。为了帮助我们提升认识，项目组安排了多个参观交流：有游彩云教师工作室的实地参观，有南北两地优秀主持人江伟英、孔珍、肖靓和郝淑霞四位老师的经验分享，还有来自美国田纳西州教育厅副厅长的交流研讨。丰富的资源，大量的信息冲击着我们，心头疑惑也逐一被化解。

短短10天，一晃而过。培训归来，作为肇庆市名教师，端州区小语会会长的我，更应思考如何提升自我，如何加强工作室的建设，如何继续发挥引领作用等方面的问题。学习再学习，传播教育教学观念和经验成果，在学科教育教学中通过对学生和学校教育的改革来改造社会；立足本职岗位，潜心教书，静心育人，尽心尽力，高质量地完成培养新人、跟岗实践以及市教育行政部门委托的其他任务，完成工作室主持人的光荣使命。

（2016 年 4 月 22 日）

从教学叙事中看我的教学风格成型

犹记得广东第二师范学院闫德明教授在讲座中提到的"一堂好课有三种境界：人在课前，这是第一种佳境；人在课中，这是第二种佳境；人在课后，这是第三种佳境。境界越高，可得痕迹越淡，终至无痕。因此，课的最高境界乃是无课"。作为一名教师，我希望我的每一节课都是好课，但我也知道，要上一节好课，不是容易的事。

叙事一：三改教案，认定风格

抱着一定要参加省赛的决心，取得市级参赛资格以后，我和我的备课小组从选课开始就十分慎重。纵观历届的赛课，课本上的经典文章基本上已被人讲过。正所谓"珠玉在前，木椟在后"，为避免比较，我们把目光集中在了新入选的课文中。我将1～12册的语文教材认真地阅读了多次，季羡林先生的《自己的花是让别人看的》深深地植入了我的脑海。这是一篇新入选的课文，可参照的对象较少。

选好课文之后，我们进入了教学设计的环节。考虑到赛场设在怀集县，学生的知识面较窄，学习能力和朗读能力都可能比预期的差，因此，在备课时，我们就直接从文本出发，意图抓住课文体现中心的句子"人人为我，我为人人"，指导学生通过对文中两处与课题有关的语段进行朗读、感悟、想象练说，试图让学生在这个过程中去体会和领悟"人人为我，我为人人"的精神境界。

我选择了一所郊区中心小学进行试教。当我满怀信心进行授课时，却发现处处受阻。我原想5年级的学生应该可以独立完成文章主要内容的概括，于是要求学生在3分钟之内"浏览课文，完成填空"。殊不知，大部分的学生对课文不够熟悉，所以将近三分之二的学生不能在规定的时间内完成练习，全对的也很少。看着学生坐在那里抓耳挠腮，我感到一种从未有过的挫败感，这才刚刚开始上课啊！又如，我原本想让学生通过对花的品种、颜色、香味等想象练说，从而体会"我为人人，人人为我"的境界，但学生一个个正襟危坐，十分拘谨，即使有人举手站起来说，其说的内容也局限于模仿教师，重复同学的发言，而且说话的重点总是停留在其中的一个点，与"人人为我，我为人人"扯不上关系，我越上越难堪，甚至想过干脆下课算了。40分钟总算到了，我长吁一口气，送走了学生。

为什么课堂效果会比预期效果相差甚远？我和备课小组认真回忆每一个环节，最终发现，我们把课堂教学过于理想化了，只考虑了文本和教师，忽略了课堂的主体"学生"。也就是说，我的教学未能从学生的角度出发，因此，这次的教学是失败的。布鲁纳在《关于学习的学习：一份会议报告》中如是说："世上不存在唯一的最有教学的程序，只能从学习的具体情况出发，设计与之相称的理想的程序。"那么，如果我的设计能更多地考虑学生因素，是不是会更好呢？我立刻对教学设计进行了调整，大到环节的设置，小到一句过渡语，我都反复斟酌：这样讲，学生能听懂吗？这样设计，会不会偏离学生的接受能力？这个环节，还可以用其他方法来实现吗？

2008年5月8日，我在怀集顺利完成了这次赛课。由于下雨的缘故，学生到达赛场的时间稍晚了些，留给我和学生互动的时间由5分钟减少到了2分钟。这两分钟能干什么呢？看着学生们略显局促的表情，我想起了特级教师孙剑峰老师课前用过的一种方式：你认识老师提到的人吗？于是，我先在黑板上写下自己的姓名让学生猜，意图拉近与学生的距离；接着说出该校校长的名字，意图告诉学生教师的问题不难，留心生活就有答案；最后说出的是台湾人气偶像周杰伦的名字，意图激发学生的兴趣，活跃气氛。我看着学生们脸上的兴奋之情越来越浓，心里觉得不错，毕竟好的开头就成功了一半吗。

这节课上下来比第一次顺利很多。我删减了原来概括文章主要内容的环节，改为指导学生读好课题，学生在我的提示下，通过重音的处理，读出了不同的效果，一开课就赢得了场下听众的掌声，看来我的目的达到了。我希望在一上课就传达给学生这样一个信息：教师喜欢听学生有节奏、有感情地朗读，哪怕是课题。同时还抓住了课文中的重点句"多么奇丽的景色！多么奇特的民族！"引出下文。课堂的节奏也出来了。

对于第一次沉闷的想象练说环节，我做了调整，特别在课件中引入了两幅色彩艳丽的图画，引导学生通过结合具体的景色理解重点词"花团锦簇、姹紫嫣红"，这次学生很快就说出相关的词语，而且我发现学生的词语积累还不错，继而让学生通过绘声绘色的朗读来加深理解。这样一来，课堂上有了琅琅的书声，有了生生之间的交流、学习，气氛活跃了不少，我也越上越得心应手。

下课前，我想到了让学生三读课题，学生这一次朗读与课前的读课题有了实质性的区别，之前是在教师的指导下通过重音的处理来读课题，这会儿可是带着自己的理解读课题，学生读得很用心，下面的教师也听得很仔细，最后，课堂在意犹未尽中结束了。当我听到台下掌声雷动时，我就知道我已拿到了那张省赛的参赛券。

课后，我仔细地回味，发现由于教学环节的细部处理更贴近学生的知识水平，所以，学生在课堂上表现得比较自然，教学效果比较理想。但这节课的设计就真的完美了？哦，不是的，它仍有不足，比如，我尊重了学生的需要，注重了课前的激发兴趣，教学过程的实施中注重了审美，教学活动中注重了融情，但教学互动时忽略了引导，教学节奏欠缺变化，因而整节课给人的感觉是过分强调了人文性，而忽略了语文味；课堂教学的亮点不够明显，高潮不突出。

记得巴班斯坦在《教学教育过程最优化问答》一书中曾说："教学教育过程最优化，就是指所选择的教学教育过程的方法，可以使师生耗费最少的必要时间和经历而疏导最佳效果。"为了实现最佳的教学效果，为了在省赛中获得好成绩，我们决定继续修改教案，从广州市的学生实际出发，设计出更贴近学生的教案。

由于上课班级是四年级的学生，他们的生活阅历比县区的五年级学生广，他们在语言文字的理解方面也会比县区的学生稍高一点儿。考虑到这一点，我取消了原先设置的借助图片理解词语的环节，改为由学生为这两个词找近义词，一方面可以在课堂上检查学生的积累；另一方面又为接下来的换词朗读、积累背诵做准备。这个环节在课堂上取得了较好的效果，充分体现了语文的"读味"，而学生也一次比一次读得更好，这让课堂教学达到了一个小高潮。前一份教案设计中的"角色互换"环节，由于效果不理想，所以被修改为创意对读"每一家都是这样，坐在屋子里的时候……走在街上的时候……"这样做既依托了文本，又让学生在对读中逐渐读懂了"人人为我，我为人人"的内涵，还为接下来的联系生活拓展谈话做了铺垫，学生在这个过程中也表现得轻松、自在。

课堂教学的末尾，我将原本的三读课题缩减为两读课题，一是为了节省时间；二是提高了朗读的质量，使课堂教学在这个高潮中戛然而止。

课后，很多教师用"沉稳中见活泼"来形容我的课堂，我想这就是我的教学风格雏形。

叙事二：大胆尝试，稳中求变

2008年的比赛后，我对其他教师给我提炼的"沉稳中见活泼"的风格还是比较认同的，因为不喜张扬，但又保留了童真恰恰是我的个性。之后我对自己的课要求越来越高。

2009年调整了单位之后，面对大多数来自市井家庭的学生，自己常用的教学方法时常不能适应，于是就逼着自己大胆尝试，希望走出困境。其间，我的代表课例包括《检阅》《一个小村庄的故事》《黄鹤楼送孟浩之广陵》。

上《黄鹤楼送孟浩然之广陵》一课，是为了参加在大旺举行的市级教研活动。为了备课，我把这首诗反复读了无数次，翻查了大量李白与孟浩然的资料，了解他们二人相识、相知、相惜的情谊。又找来了根据古诗改编的苏教版课文，反复阅读，反复比对。对着这些文字资料，我一遍遍地问自己，学生应该从这首古诗中学会什么？哪些是学生可以自己读懂的，哪些是需要我给予帮助的？最终，我梳理出本节课教学要落实以下两点：引导学生归纳学习古诗的方法；在朗读感悟中落实积累和练笔。此时，头脑中也对本课教学设计有了一个大概。

我一遍遍修改自己的设计，一次次地模拟学生提问，预测课堂的生成效果。临上课之前，我与对方学校联系的时候特意交代，希望教师别急着上这一课，把它留给我，我是真的希望能看到学生与作者的对话，与诗文的对话。不过，很可惜，当我在课前见学生时，学生对课文的熟悉程度真让我有点儿难堪：都会了还用教吗？

我匆匆离开教室，迅速地重新梳理了一次自己的教学设计，发现教学设计中有多个环节是针对学生未知未学的基础，既然如此，我就有必要调整，于是，我抛开了教学设计，对自己说，这节课不能按照设计教案上，学生变了，我的教学就应该发生变化。我不希望自己的课堂有虚伪的成分。于是在课前五分钟的交流中，我让学生们大声告诉听课教师，这首诗已经学过。听课教师倒也平静，毕竟许多时候，我们都会这样做，一方面是为了配合上课教师；另一方面也是希望自己的学生不至于留给大家一个不好的印象。难怪刘良华教授说过最不喜欢教师借班上课，像是作秀。我就是不希望给人留下作秀的感觉，我想告诉其他教师，我的课堂就是这样的。于是，我笑着对学生说："既然学过了，就不用教了。怎么办？我们在这里，这么多人看着我们，要不，大家试着听听凌老师的这节课，或许你会发现许多你原来不知道的东西呢！毕竟'温故而知新'嘛。好不好？"学生们瞪着圆溜溜的眼睛，带着些许的认同，带着些许的疑惑，看着我，迟疑的回答"好"，我们的课就这样开始了。

由于学生已经学过了这首诗，所以我自然而然地省略了读通诗句，弄懂诗意的环节，而是直接请学生有感情地朗读这首诗。学生读的也真是出彩！这么出彩的朗读让我顺势而为，直接引导学生进入了想象的环节："读得真好！你仿佛就是李白在目送孟浩然，依依惜别之情被你表现得淋漓尽致！但你知道作者是在什么时候与友人分别的吗？"这个问题或许之前的教师并没有讲过，好多学生再次捧起了课本，认真地阅读起来。我心里为学生的良好读书习惯暗暗喝彩。没多久，有学生找到了"烟花三月"。"你心目中的'烟花三月'是什么样的？"学生陆续发表自己的见解，"想去看看吗？"学生原本疑惑的眼神中多了一丝期待，我于是播放了一组"烟花三月"的图片，又补充了一组诗人笔下的"烟花三月"，学生们边看、边读，眼神中充满了羡慕与向往。我静静地观察着学生们的反映，我知道接下来我可以顺利完成自己的教学了，因为他们真的能从我的课堂上学到新的东西。

课后，我特意收集了学生的反馈信息，学生们都说喜欢这节课，虽然已经学过了，但从我的课堂上学到了更多的知识。学生的反馈让我很是开心。我一直追求的完美课堂不就是要得到学生的认可和喜欢吗？

一个月后，我在端州区又上了这首诗的一次课。这一次，我选了一所面上学校，特意交代对方教师把课留下，我希望的是更为真实的课堂。面对这班没有接触过课文的学生，我边上边调整节奏，调整教学内容，虽然学生的反应慢了些，课堂节奏拖沓了点儿，但瑕不掩瑜，整个课堂教学还算成功。

课后，很多教师围着我对我说："凌老师，好喜欢听您的课！感觉与上《自己的花是给别人看的》时又有了提高哦！"听到这些称赞，心里自然是欢喜的。真有提高吗？我想是有的。还继续保留"沉稳中见活泼"吗？或许不吧，如果自己的课堂能更真实些、自然些是不是更好呢？

叙事三：取长补短，自然成型

转眼进入了2012年，我有幸参加了省"百千万"的培训，有机会接触更多的名师，有机会了解更多、更新的教学理念。其间，闫德明博士的《如何形成自己的教学风格》给了我很大的启发，我经历了模仿阶段、熟练阶段，趁着这次的培训，正好可以总结，进入成熟阶段吗？其间，我一边自己提炼，一边指导徒弟进行课堂实践。其间的代表课例包括《浅水洼里的小鱼》《石头汤》《揠苗助长》《临死前的严监生》。

其实我与《临死前的严监生》比较有缘。2010年曾指导连剑宇老师上这节课获得了省一等奖。2014年7月接到同课异构说课展示的任务时，我就想到了这一课。与郝洁商量后决定就选这课。

备课时，我刻意不去搜集相关的课例，只是专心地研读文本和原著，用心地感受人物形象。当头脑中渐渐出现人物的形象时，我才开始考虑课应该怎么上。我总有个想法，我的课应该切合学生实际，如果脱离了这个实际，就无从谈论好坏。所以，一开始我要考虑的是学生学这篇文章有什么困难，是关于字词？还是关于对人物的理解？学生如何从文本中归纳出人物描写的方法？厘清了这些问题之后，我开始做教学设计。我把整节课分为五个环节：复习谈话，导入新课——初读课文，初识主角——品读句子，揣摩心理——对比阅读，感悟方法——作业布置，延伸课外，重点要解决的是第三个环节。按照这个思路，我很快整理出教案、课件和说课稿。

说课那天，按议程安排，郝洁先展示。我坐在台下认真地听着，发现郝洁的设计确实巧妙。她没有把时间浪费在文本解读上，而是针对严监生的两个指头，三次摇头，设计了迁移练笔，让学生堂上观看小视频，马上进行练笔，把小女孩三次压发鬓的动作、神态、心理活动描写下来。我一边认真听，一边进行比较，一边为郝洁的设计点头喝彩。这个环节的确比我的揣摩心理，进行练笔要好！我设计的环节充其量考量的是学生的积累运用，但郝洁的这个环节考量的则是学生的观察能力与写作能力。教师最怕同课异构，相形见绌。还未展示，我就知道了我与郝洁的差距在于眼界和高度。

这次培训之后，我马上下载了郝洁的课件，认真揣摩她的备课思路。其实如果将她的设计挪到我的课堂也可以，但一个课时绝对完成不了。看来，教育还是存在地域差异的。即使如此，我能做的就是坚持自己的坚持，尽可能地缩小这种差距。

12月，我们小组去新兴送培送教，我又一次选择了这一课。有了说课时的比较，我更希望自己的课能被教师认可。我在上课前五分钟见到了学生，简单的交流后，我对学生的学习习惯、学习水平有了大致的了解。虽然学生没学到这篇课文，但以他们的水平，学起来完全不用担心。有了这点认识，我可以直接上课了。

课堂气氛一直很活跃，学生活跃的思维，积极的发言，出彩的表演赢得了台下教师的阵阵掌声。而学生在揣摩心理的环节，虽有个别雷同，但还是不乏精彩的片段。为了让中下层的学生能更好地掌握心理描写，我还特意加了一个表演环节。我随机请三位学生负责给三次摇头的严监生配内心独白，另挑选了一名男学生扮演临死前的严监生。应该说三位学生撰写的内心独白都很到位，完全没有重复、违和的感觉。那位扮演严监生的学生也很不错，瞪眼，咬紧牙，伸着两根手指，摇头，一系列的动作都十分传神。台下的学生和教师被逗得捧腹大笑。让我感觉不妥的是自己竟然随机挑选了一位胖小子来饰演严监生，这有违原作的角色。

40分钟的课结束了，我的《临死前的严监生》留给听课者很深的印象，大家一致认为我的课"亲切自然，朴实无华，没有矫揉造作，也不刻意渲染，师生间是平等、协作、和谐的关系，学生在静静地思考和老师的肯定中获得了知识"。这样的评价我很喜欢。"大道至简，导学无痕，师生平等，自然简约"应该就是我现在的教学状态吧。

结语

所谓"教学风格"是指教学活动的特色，是教师的教育思想、个性特点、教育技巧在教育过程中独特的、和谐的结合和经常性的表现。教学风格的形成可以看成是一个教师在教学艺术上趋于成熟的标志。在整理自己的教学风格的过程中，我对陶行知先生在《教学做合一》中提到的"是怎样做就怎样学，怎样学就怎样教；教的法子要根据学的法子，学的法子要根据做的法子"有了更深入地理解，教学并不是一件复杂的事，立足学生，以学定教，一切问题都会迎刃而解。从前，我会为了上好一节课而在设计、媒体使用上花费很多心思，事后但却发现，大家记住的仅仅是上课的教师，对于这节课，大家反而淡忘了。为此，我看书，丰富自己的专业知识，开阔自己的人文视野，加深自己的教育理论功底；我反复揣摩于永正、薛法根等名师的教学风格，研读他们的教学设计，找寻"自然简约"的踪迹；我反思，凡上一节课，课后我总会反思这节课的得失，以前我反思时更多考虑的是自己讲的怎样，现在我更多的是考虑学生学到了没有，有没有更简便的方法让学生学会。经过几年的实践，"自然简约"的教学风格也逐渐成形。我记得闫德明博士在讲座中提出："教学风格是手段，学生成长是目的！"因此，在今后的教学中，无论我的教学风格怎样调整、变化，都应"立足学生，以学定教"，都应在教学中注意"母语本源""儿童本位""学科本色"和"实效本真"。

湖北省沙市北京路第一小学袁继庆自信地说"站在讲台上,我就是语文"。今天的我或许还做不到,但我会把这句话当作自己永久努力的方向。

📖 **参考文献**

[1]窦桂梅.激情与思想[M].太原:山西教育出版社,2005.

[2]单中惠.教育小语——100位中外教育家的智慧感悟[M].上海:华东师范大学出版社,2006.

[3]周一贯.当前小学语文教学的风格、流派与主旋律[J].语文教学通讯·小学刊,2008,8:20.

附:教学设计四篇

《自己的花是让别人看的》第二课时教学设计(一)

【教学目标】

1.了解德国的民族风情特点,积累优美语言。

2.在语言文字训练中受到"人人为我,我为人人"的教育。

【教学过程】

课前谈话:讲一讲自己积累的描写花的四字词语。(将学生讲到的四字词语板书在黑板左侧)

(课前请学生讲一讲自己积累的描写花的四字词语,用意在于充分调动学生的积累,舒缓紧张的气氛,为下面的教学做铺垫。)

(一)回顾上文,整体感知

1.浏览课文,完成填空。

季先生回忆了自己早年在德国留学时亲身感受到德国人非常爱华,描述了德国家家户户窗口(花团锦簇)、(姹紫嫣红)的奇丽景色。抒发了(人人为我),(我为人人)的感慨。课文最后讲述了季先生再次来到德国,对德国人民(自己的花是让别人看的)风俗习惯的赞美。

(此环节的用意在于培养学生的课文概括能力。)

2.板书课题。

（二）品读句段，感情朗读

1. 在第二、三自然段中找出课文中与课题有关的句段，用横线画出来，在旁边写下自己的感受，并感情朗读。（"不动笔墨不读书"，对于五年级的学生，应该学会边读边做批注。）

2. 检查汇报，教师相机出示有关句段。

（1）"家家户户……正是这样！"

（2）"走过任何……耐人寻味的。"

重点品味第三自然段：

① 展开想象，说说会有些什么花，开得怎么样？

（引导学生在说的过程中用上课前提到的四字词语。）

② 指导读出感情。

③ 师生合作读文。

（回归整体，加强对文章的整体理解。）

（三）研读末段，品味梦境

1. 小结过渡：35年前的美丽情景让季先生把德国当作他的第二故乡，他多想回去再看看美丽的哥廷根啊！1980年，他率领中国学术代表团再次来到了德国哥廷根，他看到了什么？想到了什么？

2. 配乐范读末段，学生谈感受。

3. 出示句子："我做了一个花的梦，做了一个思乡的梦。"

要求：结合课文，选择其中一个开头，续写一两句话。

（充分体现课堂上的读写结合，提醒学生在写话的时候用上课前的积累。）

4. 再次师生合作朗读该段。

（四）徜徉花海，总结全文

1. 徜徉花海。（带领学生观看幻灯片，再次感受文中提到的奇丽景色。）

2. 总结全文：把自己的花让别人看，美丽了别人的风景，美丽了自己的心灵，愿我们和作者一样拥有一个如花的美梦！

板书设计

25.自己的花是让别人看的

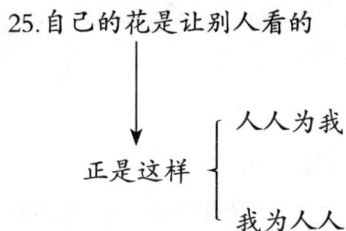

（板书中紧扣文中的中心句"人人为我，我为人人"。箭头的指向明确地说明了德国人民朴素而美丽的心灵。）

《自己的花是让别人看的》第二课时教学设计（二）

【教学目标】

（略）

【教学过程】

课前谈话：你认识老师说到的这些人吗？（凌琳、李红怀、周杰伦）

（一）板书课题，读好课题

1.板书课题，读好课题。

（从题目入手，读出停顿和重音。）

2.齐读句子"多么奇丽的景色！多么奇特的民族！"

（抓住统领全文的句子进行教学。）

（二）品味奇丽，感悟奇特

1.作者在德国哥廷根看到了怎样奇丽的景色？用横线画出来，在旁边写下自己的感受，并有感情地朗读。

2.检查汇报，教师相机出示有关句段。

（1）"家家户户……正是这样！"

（2）"走过任何……耐人寻味的。"

重点品味第三自然段：

①借助图片，理解词语"花团锦簇、姹紫嫣红"。

（教给学生理解词语的方法：联系图片、展开想象、有感情地朗读）

②展开想象，说说会有些什么花，开得怎么样？

③徜徉花海，指导读出感情。

（观看图片，聆听讲解，加深理解，读出感情。）

④角色互换，感悟奇特。

⑤师生合作读文本第1～3自然段。

（三）品味梦境，走近作者

1. 小结过渡：35年前的美丽情景让季先生把德国当作他的第二故乡，他多想回去再看看美丽的哥廷根啊！1980年，他率领中国学术代表团再次来到了德国哥廷根，他看到了什么？想到了什么？

2. 配乐范读末段，学生谈感受。

3. 出示句子："我做了一个花的梦，做了一个思乡的梦。"

要求：结合课文，选择其中一个开头，续写一两句话。

4. 走近作者。

（由景及人，感受作者博大的胸怀。）

（四）三读课题，总结全文

1. 三读课题，升华情感。

一读课题，记住一个国度。

二读课题，记住一种精神。

三读课题，记住一位作者。

2. 作业布置：（1）背诵第三自然段。（2）摘录文中优美的句子。

板书设计

25.自己的花是让别人看的

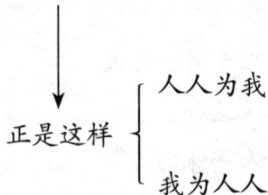

正是这样 { 人人为我

我为人人

《自己的花是让别人看的》第二课时教学设计（三）

【教学目标】

略。

【教学过程】

课前谈话：请用你熟悉的语言向教师问好。

（一）板书课题，读好课题

1. 板书课题，读好课题。

（从题目入手，读出停顿和重音。）

2. 齐读句子"多么奇丽的景色！多么奇特的民族！"

（抓住统领全文的句子进行教学。）

（二）品味奇丽，感悟奇特

1. 作者在德国哥廷根看到了怎样奇丽的景色？用横线画出来，在旁边写下自己的感受，并有感情地朗读。

2. 检查汇报，教师相机出示有关句段。

（1）"家家户户……正是这样！"

（2）"走过任何……耐人寻味的。"

重点品味第三自然段：

①这个句段写出了什么？哪些词写出了花儿多、美？

②感情朗读"花团锦簇、姹紫嫣红"。

③你还知道哪些四字词语也是写花儿开得多和美的？

④根据教师提供的三组词语，反复诵读这组句段。

（指导学生用找近义词的方法理解词语，并在反复诵读中加深理解和感悟。）

⑤徜徉花海，加深印象。

⑥练习背诵。

（熟读成诵是积累优美句段的方法。）

⑦创意对读第三自然段的后半部分，感受"人人为我，我为人人"的精神境界。

⑧练习生活，谈谈生活中"人人为我、我为人人"的例子。

⑨师生合作朗读1～3自然段。

（三）品味梦境，走近作者

1. 小结过渡：35年前的美丽情景让季先生把德国当作他的第二故乡，他多想回去再看看美丽的哥廷根啊！1980年，他率领中国学术代表团再次来到了德国哥廷根，他看到了什么？想到了什么？

2. 配乐范读末段，学生谈感受。

3. 出示句子："我做了一个花的梦，做了一个思乡的梦。"

要求：结合课文，选择其中一个开头，续写一两句话。

4. 走近作者。

（由景及人，感受作者博大的胸怀。）

（四）两读课题，总结全文

1. 两读课题，升华情感。

一读课题，用欣赏、赞美的语气读，记住一个国度。

二读课题，用响亮的声音坚定地读，记住一种精神，为自己加油，也为中国加油！

2. 作业布置：（1）背诵第三自然段。（2）摘录文中优美的句子。

板书设计

25. 自己的花是让别人看的

人人为我 ↓ 我为人人

多么奇丽的景色！多么奇特的民族！

《黄鹤楼送孟浩然之广陵》教学设计

（说明：本课教学是2010年11月上的一节名师展示课。）

【教学目标】

1. 认识5个生字，会写5个生字。

2. 有感情地朗读诗歌，背诵诗歌。

3. 感悟诗歌内容，想象诗歌描绘的情境，体会朋友之间的深厚情谊。

4. 激起对祖国诗歌的热爱之情，培养课外主动积累诗歌的良好习惯。

【教学重难点】

感悟诗歌内容，想象诗歌描绘的情境，体会朋友之间的深厚情谊。

【教学准备】

制作课件。

【教学过程】

（一）课前导入

1. 大屏幕出示课题：请学生认真看看这两首诗的题目，有什么发现吗？

2. 明确学习内容，教师适时渗透"送别诗"的由来。

3. 谁来读读这首诗的题目？你能告诉大家这个题目的意思吗？

4. 哪个词的意思是"去"？你是怎么知道的？"广陵"是个地名，它还有一种叫法，你能从诗句中找出来吗？

（设计意图：注意教给学生学习古诗文要关注注释的方法。）

5. 教学"陵"字，指导书写。

（引导学生将"陵"与教师的姓进行比较区分。）

6. 齐读诗题：黄鹤楼送孟浩然之广陵。

（二）读通诗句，弄懂诗意

1. 请学生自由朗读一遍古诗，注意读准字音，读通诗句。

（设计意图：这是学习古诗的第一步，读通诗句。）

2. 检查，朗读指导。

①检查生字读音：鹤、孟、陵、辞、唯，并各组一个词。

②逐句检查朗读。

句1：a."辞"是什么意思？"西辞"呢？

b. 谁来读，要注意节奏。

句2：a.请你看第二句，句中有一个词告诉我们两位诗人分别的时间，能找出来吗？为什么叫"烟花三月"呢？请你借助注释帮助理解。

b. 想去看看"烟花三月"的景致吗？（出示幻灯片）

c. 这些美丽的画面让你想到了哪些词语？

d. 这柳如烟、花似锦的三月自古就是诗人喜爱吟诵的对象，请看，诗人们曾写下这些诗句赞美"三月"，我们请女同学读一遍。

（设计意图：学生借助注释对"烟花三月"有了初步的认识，但不够具体、形象；借助多媒体的演示是帮助学生形成直观的认识，在此基础上，调动学生的词语积累，再由老师提供8句描写春景的名句，进一步丰富学生的积累，最后回到诗句中，通过朗读品味，好好记忆，也为下一步理解淡淡的离愁做足了铺垫。）

　　e. 在这么美好的春光里，你最想与好朋友做什么？然而，李白与孟浩然却要在此时分别，试想一下，二人的心情会如何？

　　f. 请你带着这种心情读读第二句。

　　g. 这两句巧妙地将叙事与写景融合在一起，谁愿意连起来读一读呢？

　　句3：a. 我们来看后两句，"孤"的意思是什么？这"孤帆"指哪只帆？

　　b. 要知道长江自古就是水上的交通要道，江上船只来来往往，异常热闹。可为什么在李白眼中就成了"孤帆"了呢？

　　c 小船渐行渐远，李白在岸上做了什么？请根据老师的提示，与同桌商量商量，把横线补充完整。（出示幻灯片）

　　孟浩然乘坐的小船驶出了码头，李白_____；

　　小船越驶越远，隐约间只能看到一点儿帆影，可李白仍不肯离开，

_____；

　　渐渐的，那点儿白色帆影也消失在碧空尽头了，可李白依然不愿离开，

_____。

　　d. 交流，朗读。

　　（设计意图：通过朗读、想象练说，帮助学生感悟李孟二人的情谊之深。）

　　句4：a. "唯"还可以换成什么词？

　　b. 李白呀李白，人去了，你望着船；船远了，你望帆；帆消失了，你望水。你心里到底在想什么？（随机采访）

　　c. 怪不得李白在后来作的另一首诗中这样写道：去年下扬州，江送黄鹤楼。眼望帆去远，心逐江水流。（板书：目相送，心相随）

　　d. 指导朗读。（朗读全诗，注意节奏。谁能用自己的话简单地说说这首诗的意思。）

　　（三）配乐朗读，指导背诵

　　1. 简介古曲《高山流水》，教师配乐示范朗读。

　　2. 学生个别展示。

3. 集体诵读，读出韵味。

4. 学生自由练习背诵。

5. 检查。

（设计意图：诗歌的教学要落实在诵读上。在学生充分理解了诗意之后，借用名曲《高山流水》指导学生配乐朗读，熟读成诵。这是学习古诗的第三步，读出诗味。）

（四）拓展阅读，动笔写写

1. 后人曾把这首诗改写成一篇文章叫《黄鹤楼送别》，请大家拿出阅读纸，快速默读。

（设计意图：拓展学生的阅读，结合四年级的一个训练点，为学生提供一个学习的改编诗歌的范本，同时也为学生接下来的小练笔做好铺垫。）

2. 有了这些文字的帮助，我们对此次送别的前因后果就更清楚了，对李孟二人的友谊也有了更深的了解。现在，你有什么话想对他们两人说吗？

3. 交流。

4. 让我们再次诵读这首脍炙人口的诗作吧！

（设计意图：通过小练笔加深学生的感悟，也培养学生养成读书动笔的习惯。）

（五）总结、延伸

这节课，我们通过读通诗句，读懂诗意，读出诗味的方法学习了送别诗《黄鹤楼送孟浩然之广陵》。古代送别诗中还有许多佳作（出示幻灯片），大家不妨找来用这种方法去学习。

■ 板书设计

20. 古诗两首

黄鹤楼送孟浩然之广陵

【唐】李白

故人西辞黄鹤楼，

烟花三月下扬州。　　　　　　目相送，心相随

孤帆远影碧空尽，

唯见长江天际流。

研究报告

在口语交际过程中培养学生能力的研究

当今社会交往活动空前广泛，各种交往活动正迅速改变着人们的生活方式和传统习惯。不难想象，一个不会听、不会说、不会口语交际的人，是不能够在这样的社会里生存下去的。新课标为适应这个变化，把以前的"听"和"说"整合为一个整体，落实在口语交际课里。《语文课程标准》中指出，学生应"具有日常口语交际的基本能力，在各种交际活动中，学会倾听、表达与交流，初步学会文明的进行人际沟通和社会交往，发展合作精神"。根据这个目标，我们发现口语交际具有实践性、综合性、开放性、双向互动性等特性，因此，我们认为在口语交际课中重视学生能力培养具有以下三个优点。

1. 有利于培养学生的学习兴趣

实验教材在口语交际话题的设置上充分体现了对儿童生活的关注，因此话题容易引起学生的兴趣。而兴趣是学习的老师，良好的交际能力以及融洽的交际氛围会激起学生学习的兴趣，使他们认识到学习原来可以如此轻松、有趣。例如，《我会拼图》一课，其目的是为了培养学生的合作精神和审美情趣以及创造想象能力，使学生能用不同的圆或半圆的纸片拼出新的图案，同时学生还要能比较清楚地向别人介绍自己拼图的内容和方法，并能夸夸自己和别人的作品。这样的话题，既能动手，又可以训练口语交际能力，学生一看就喜欢。深圳后海小学的欧阳智慧老师在设计执教《我会拼图》时，就充分利用了学生喜爱童话，愿做童话人物的特点，设计了两个口语交际的情境："拼图娃娃交朋友""逛拼图商店"，巧妙地带领学生进入童话世界展示自我。在"拼图娃娃交朋友"的环节中，两个学生进行了这样的对话：

"小金鱼"：小乌龟，你好！请问你是怎样拼成的呀？

"小乌龟"：一点儿都不难，你看，这个大大的圆就是我的硬壳，前面粘一个小椭圆就是我的头，壳的左边粘两个半圆，右边粘两个半圆，就是我的四条腿，后面再粘一个小叶子一样的椭圆片，我就有尾巴了。请问小金鱼，你是怎样拼成的呢？

"小金鱼"：你看，这个大圆套一个小圆，就是我鼓鼓的眼睛，中间的大圆就是我的身子，两边粘两个半圆，就是我的"翅膀"，我后面再把这两个半圆斜着粘，就是我漂亮的尾巴。我最喜欢在水里游来游去了。小乌龟，我们一起去水里玩吧！

"小乌龟"：好啊！

从上面的片段中我们可以看出，一年级的学生在浓厚兴趣的驱使下，在轻松愉快的气氛中不但学会了用大小不一、形状各异的圆进行拼图，还掌握了一些与人交往的方法和技巧。

2. 有利于树立学生的自信心

在日常教学中往往会碰到学生有话不敢说或说不出来的现象，这可归结为学生的自信心不足。进行口语交际训练能使学生学会正确评价别人和自己，这可以帮助学生更全面地认识自己，树立自信心。实验教材中选用许多贴近儿童生活的交际话题，如第一学段的《有趣的游戏》《该怎么办？》《我们的画》《这样做不好》；第二学段的《介绍自己》《辩论：小伙伴结伴外出行不行》《介绍自己的拿手本领》；第三学段的《假如我会克隆》《辩论：看电视究竟好不好》；第四学段的《成长的烦恼》；等等。这些话题降低了学生学习的难度，方便他们将自己变成话题中的某人进行表演练习，交际起来得心应手，学生的自信心自然就得到了培养。例如，在教《该怎么办？》时，当我讲到有一天小明又去给王爷爷送奶，可王爷爷一定要塞钱给小明当报酬，小明感到左右为难时，学生说话的欲望达到了极致，纷纷举手想把自己的办法告诉大家，有的学生说："我收下王爷爷的钱，然后每天照常给他取奶送奶。"有的学生说："我假装收下王爷爷的钱，然后找个机会在送奶时把钱悄悄放回王爷爷家。"有的学生说："王爷爷给的钱，我收下交给妈妈，让妈妈处理。"还有的学生说："我收下王爷爷的钱，然后有空就给他买东西补身体。"由于学生有了强烈的说话欲望，所以表达起来充满自信心。然而大家又都对小明收了钱，怎样送回去感兴趣。于是，我就提出和学生一起表演，我来演王爷爷，学生演小明，让大家评评谁的办法最好。学生听了，鼓掌叫好，争着出来表演，连平时害怕说话的学生也举起了手。我选了一个平时比较害羞的学生来表演。表演中，"观众"议论纷纷，一会儿帮王爷爷出主意，一会儿又帮小明出主意，谁都胸有成竹，认为自己的办法好，教室里笑声、掌声不断，热闹极了。表演完了，我请大家给这位学生提意见，有的学生说："我觉得他演的小明太扭捏了，既然是做好事就应该大大方方"有的学生说："我认为他能够上来表演很不错，要是能再大胆些会更好。"其他同学的肯定使这名学生受到了鼓舞，在第二次表演中，他比前一次更大方了，能大胆正视教师的眼睛了，声音也响亮多了，表达也流利多了，同学们对他的这次表演给予了更多的肯定。这节课后，我特别留意了这个学生，我发现他在课间话多了，朋友多了，人也精神自信多了。

3. 有利于培养学生的创新精神

学生期的思维是活跃的，记性是最佳的，如果我们为学生创造机会，他们就会将自己每天接触到的新鲜事物与别人交流分享，他们也会因交流而相互启发，从而将一些奇思妙想变成现实。在实验教材中安排了不少利于培养学生创新精神的交际话题，如《我会拼图》《猜谜游戏》《未来的桥》《续讲故事：小兔搬南瓜》《我做校园美容师》等。我在教学《未来的桥》一课时，就组织学生参照学过的《兰兰过桥》一课，结合学生自己对未来的展望、憧憬，设计出学生心目中的"未来的桥"。学生们的兴致极浓，或分组讨论，或自己琢磨，或与教师商量，一会儿工夫就设计出了"空中立交桥""太空桥""彩虹桥""迷宫桥""防盗桥""泡泡桥"等稀奇古怪的桥。其中，有一名学生这样对大家说："大家好！我设计的桥叫'防盗桥'。有一次，我跟妈妈上街买爸爸的生日礼物，当我们走到人行天桥时，妈妈的提包被坏人一把抢走了，害我们追也追不到，我还差点儿摔跤了呢！于是我就想设计这座'防盗桥'，它用不锈钢制成，桥身十分漂亮，看起来跟一般的桥没什么两样，但是桥上装有机关，能跟踪和识别坏人，当你遇上小偷、抢劫犯时，桥身会发出警报声提醒人们，这样，我们就再也不用担心自己的东西会被偷被抢了。"这名学生不但与老师、同学分享了自己的亲身经历，还介绍了自己的创新设计，着实让人惊喜。他的话刚说完，就引来了其他同学的提问：请问你设计的桥怎样识别好人和坏人？你设计的桥如果成功了，你打算怎么推销？这些问题引发了那个学生的再思考，他在短暂的思考之后说："桥上安装了一台电脑，我把坏人贼眉鼠眼、鬼鬼祟祟的特点输入电脑中，还可以将通缉犯的照片资料输入电脑，由电脑指挥摄像机，这样就可以分辨坏人了。"至于怎样推销，他一时说不上来，我就请其他学生帮帮他，结果学生的思维一下子放开了，他们各抒己见，纷纷说起自己的推销词来，有的学生说："现在我们正在创建全国优秀旅游城市，这样的桥能帮我们识别坏人，使外地的游客对我们肇庆有更好的印象。"有的学生说："我的桥，好处说不完，只要你用了，就舍不得换。"有的学生说："我的桥设计新颖，功能齐全，谁用了都会说好。"……像这种即兴的发挥，既让学生得到了多次的话题练习，又让我们感受到学生思维碰撞出的创新火花。

综上所述，在口语交际训练过程中培养学生的能力是时代的要求，是社会发展赋予小学语文学科的神圣使命。那么，该如何培养呢？我认为要做到以下几个方面：

一、创设情境，激发学生说话表达的欲望

"口语交际能力是现代公民的必备能力"。口语交际能力培养的首要任务就是让学生爱说、善说。新课标对各学段的学生应具有的表达水平的要求呈螺旋式上升趋势。然而我们的大多数学生一直以来在课堂上都不想说、不敢说、不会说。怎样扭转这种局面呢？教育心理学指出：需要是个性积极性的源泉。只有当学生感到口语交际是一种需要时，其内在的潜力才会把积极性大大地调动起来。而创设与实际生活相符的口语交际情境，容易使学生有一种身临其境、似曾相识的感觉，情绪也会因此变得高涨起来，学生学习口语交际的主动性就会被激发出来，学习动力就会增加、持续，他们就会带着情感，怀着浓厚的兴趣，走进交际情境，做进一步体验。由于口语交际的内容源于生活，贴近学生生活，有介绍类、独白类、交往类、表演类、讨论类等，我们可以用语言描述创设情境，也可以进行情境表演，还可以利用电教媒体再现情境。例如，教学《应该听谁的》一课时，我先绘声绘色地给学生们讲了《骑驴》这个故事，一下子就把学生的兴趣调动起来，使学生对爷孙俩遭遇到的情况产生共鸣，心里想的冲口而出，这样一来，学生自然而然地就进入了交际中，争先恐后地发表自己的意见，有的学生认为爷孙俩应该听路人的，因为驴子太瘦了，

两人共骑它会受不了的；有的学生认为应该听老人的，因为尊老爱幼是中华民族的传统美德；有的学生说应该听小孩的，因为他在家，爷爷就什么事都老让着他；有的学生认为应该听农夫的，有驴不骑的确太笨了；也有的学生说，驴子是自己的，谁的话也不用听，自己想怎样就怎样。各种意见充斥在课堂里，每个学生都认为自己的看法是正确的，是最有道理的，于是课堂上就有了激烈的争论。像这样，由教师精心创设的情境在口语交际课里我们经常能看到，而这种情境下的活动过程在不知不觉中就成了学生自我提升的过程，在这种真实、具体、生动的情境里，学生不但乐于表达，勇于表达，而且句句是发自内心的感受。

二、加强实践，训练学生表达应对的能力

交际信息学认为，交际乃是一种发生在人与人之间借助某种符号和媒体传递与交流信息并产生相应行为的社会实践活动。《语文课程标准》中强调以贴近生活的话题或情境来展开口语交际活动，重视日常生活中口语交际能力的培养，而不是传授口语交际知识。《语文课程标准》在小学阶段关于听人说话、听故事、复述、转述、讲述等要求，初中阶段关于即席讲话和主题演讲、课堂讨论、应对能力等要求，都是重在交际过程中的实践能力培养。

1. 走进生活，拓展空间

著名教育家陶行知先生说："生活即教育，社会即学校。"的确，社会就是我们学习的大课堂。许多人的表达能力就是在社会交际中得到提高的。在学生的日常生活中，存在着大量的交际活动。老师可以带领学生走进生活，充分利用这些资源，拓展实践的空间。例如，可以成立小剧社表演课文剧，参加各项社会公益活动，当校园广播员、小记者，在校园、社区进行采访，等等。这些实践活动，可以充分发挥学生的主体作用，让学生学会和他人打交道、请求帮助、解决问题。在这些实践活动中，学生将学会"倾听与表达交流"，学会与人合作，学会进行人际沟通和社会交往。

在日常教学中，我就经常走进学生生活，从学生生活中寻找话题，引导学生进行口语交际。寒假结束了，在新学期的第一天，我会和学生一起分享假期生活，我会让学生猜猜我在假期里做了什么，并把他们想问地向我提问。学生听了要求后，积极性高涨，他们会想出许多有趣的问题，比如，"老师，您的

寒假过得好吗？""您在哪儿过寒假？""您在寒假里干得最多的一件事是什么？""您会想我们吗？"通过这样的交流，学生学到了不少问的本领，而且还学会了大方地在大家面前表达情感。有的学生在课堂上说："我在假期快结束时特别想老师和同学。"有的学生说："我在假期里写了几篇日记，很想给老师看，给同学看。"有的学生说："我的假期很充实，我和爸爸妈妈去了北京旅游，玩得很高兴，还拍了很多相片，我想拿回来给同学们看。"……学生说的都是发自内心真切的感受。当一个人能清楚地表达自己的感受时，我们还有必要为他的交际能力担心吗？

2. 加强示范，指导实践

口语交际是在特定的交际目的的驱动下，通过交际双方的听、说互动，培养学生参与交际的目的意识，角色意识，对象意识，环境意识和驾驭规范，准确、生动的口语的能力。然而在教学中，教师往往会碰到学生说着说着就不愿说的现象。在这种情况下就很需要教师的示范，因为教师的示范能起到引路的作用，有效地指导学生进行语言实践。

以欧阳老师的《我会拼图》一课为例，为了指导学生有条理地介绍自己的拼图，交流拼制的过程，欧阳老师做了两次示范。第一次，欧阳老师指着他胸前的"紫葡萄"说："大家好，我叫紫葡萄，我有碧绿的叶子，甜甜的果实，如果你口渴了，我一定会把我身上最甜的果子送给你吃，你愿意和我做朋友吗？"学生们直鼓掌，都说愿意。在教师的鼓励下，学生们热情而大方地说了起来，"小蜻蜓"说："你们好！我是小蜻蜓，我圆圆的头上长着一对鼓鼓的眼睛，我还有细长的身子，灵巧的翅膀，飞到天上就像一架小飞机一样。如果你们发现有小飞虫在咬你们，赶快通知我，我会马上飞过去把小飞虫吃掉。我愿意做大家的朋友，你们喜欢我吗？""小蜻蜓"精彩的自我介绍引来了一阵热烈的掌声。教师亲切的示范和"小蜻蜓"精彩的表演激发了其他学生的自信，使他们放下心里的顾虑，大胆、自信而神气地纷纷介绍起自己来。第二次，欧阳老师利用多媒体课件，通过两个卡通拼图娃娃"小猪"与"小兔"有趣而直观的动画表演，使学生明白了说明要简洁有序，因此，在老师让学生自找伙伴介绍拼制方法时，学生不但说清楚了，而且说得十分生动，就像前面提到的"小金鱼"和"小乌龟"的对话。

三、注重评价，形成学生文明交际的素养

口语交际的过程是情感交流的过程，是心灵与心灵感应的过程。口语交际的教学中应该注意培养学生高尚的审美情趣，使学生形成文明交际的素养。国外许多母语课程标准都对道德教育目标有所指示，体现在内容目标中的道德价值观，最为突出的是诸如"理解他人、认识自己，顺利交流、团队精神，追求真理，培养审美情趣，负责任、实事求是，学术诚实、慎下判断"等基本价值目标。由此可见，在口语交际训练中引导学生进行正确的评价显得尤其重要。所谓正确的评价应该做到态度诚恳，语言文明，有激励作用，让人听了心里舒服；而不是把脏话、恶行带进课堂。为此，教师自身应做出表率，在进行示范引导的时候要考虑说话的态度和语言的道德性，给学生树立良好的榜样。同时，还要引导学生在交际过程中要学会宽容，对说得不好的学生不要嘲笑、讽刺，而要加以鼓励，要学会允许学生说错、修正、补充、质疑、申辩、反驳。教师可以引导学生这样提意见："我想给你提点意见""我觉得要是你这样就更好了"。对于说得确不怎么样的学生，也可以引导学生这样鼓励："我觉得他比以前大方、大胆了""你的勇气真值得我学习"。还可引导学生对他人提出的意见这样说："谢谢你的帮助，我下次会做得更好"或"谢谢你的意见，我会认真考虑考虑的"诸如此类的话语，可以消除学生说话怯场、跑题、啰唆、片面、伤人等毛病，使学生在口语交际时受到良好的熏陶，从而养成良好的听说习惯和交际方式与态度。

通过研究口语交际过程中学生能力的培养，我更加明确了口语交际的性质及其在学生能力培养方面的优点，同时，我在实践中还不断反思，发现了教师在口语交际课中出现的一些误区，比如，过分强调学生的主体感受，忽视了教师的主导作用，使课堂教学失去了一定的秩序；口语交际课中过分依赖多媒体课件，使课堂教学被多媒体课件牵着走，失去了课堂教学应有的灵活性；口语交际课中对学生的"双向"和"互动"关注不足，不能充分体现口语交际的性质特点；等等，我想如何避免步入这些误区是我们大家值得注意和研究的问题。

参考文献

［1］教育部基础教育司语文课程标准研制组.语文课程标准（实验稿）解读［M］.武汉：湖北教育出版社，2002.

［2］中华人民共和国教育部.全日制义务教育语文课程标准（实验稿）［M］.北京：北京师范大学出版社，2001.

［3］郑明江.小学语文新课程课堂教学案例［M］.广州：广东高等教育出版社，2003.